Meditación y Relajación

MEDITACIÓN Y RELAJACIÓN

AUTOR: *Mariëlle Renssen*
ASESOR: *Natalia Baker*

ISBN: 84-9764-141-8

Primera publicación en España por:

C/ Primavera, 35 - Polígono Industrial El Malvar

28500 Arganda del Rey, MADRID - ESPAÑA

E-mail: edimat@edimat.es

http//www.edimat.es

Publicado en UK por New Holland Published (UK) Ltd

Impreso y encuadernado en Singapur por Craft Print International Ldt

DEDICATORIA

A todos los que, en nuestro planeta,
nos muestran el camino del amor, la paz
y la sabiduría a través de su entrega a
la práctica de la meditación

CONTENIDO

INTRODUCCIÓN

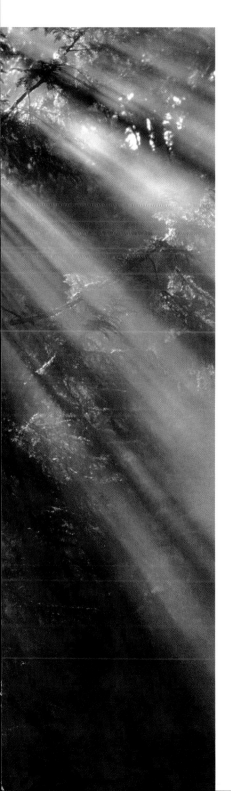

LA SABIDURÍA *de varias de las tradiciones meditativas que actualmente están a nuestro alcance se remonta a muchos miles de años atrás. Ha sido transmitida a través de los siglos por yoguis, sabios y santos, tanto de Oriente como de Occidente; todos ellos personas normales, quienes, a través de las dificultades de sus propias vidas, emprendieron el camino para encontrar una verdad interior, mediante la meditación rigurosa y una gran determinación en su ferviente búsqueda de una vida más feliz, más plena. Sus escritos proporcionan la fuente más prolífica y autorizada de conocimiento meditativo del mundo actual.*

El más famoso de estos primeros filósofos es Buda, Gautama Siddhartha, a quien se atribuye el establecimiento de la tradición budista. Aunque esta tradición se ha integrado a otras filosofías orientales durante siglos, recientemente ha suscitado un renacido interés en el mundo occidental.

La necesidad actual, entre un número de personas cada vez mayor, de encontrar caminos para poder resistir su creciente ritmo de vida, les obliga a mirar hacia una forma de relajación más contemplativa. La mayoría de nosotros vivimos en una sociedad basada en ideales occidentales: ampliar nuestro conocimiento a través de la ciencia y la tecnología para producir resultados tangibles, reales; trabajar en negocios que sólo intentan servir a una economía capitalista, y quedar atrapados en un ritmo de vida aún más rápido, como resultado directo de nuestro progreso tecnológico. Esto nos produce la necesidad de reducir el ritmo, tranquilizarnos y mirar hacia nuestro interior.

La meditación es el medio más extraordinariamente poderoso de cambiar nuestras vidas a mejor. Nos enseña a tranquilizar los pensamientos incontrolados de nuestra mente y a domar nuestras cambiantes emociones, abriendo espacio para una claridad que permite que surjan nuestra sabiduría instintiva y nuestra intuición. Una mente ordenada favorece un pensamiento más claro, una forma mejor de solucionar los problemas, y permite tomar decisiones de una manera más centrada.

LA MAYOR *parte de la gente son como una hoja que cae y va a la deriva, gira con el viento, se agita y llega al suelo. Pero unas cuantas son como estrellas que viajan por un camino ya definido: ningún viento las alcanza, llevan dentro de sí mismas su propia guía y su camino. Entre todos los hombres sabios, y he conocido muchos, había uno que era perfecto en este sentido. Nunca le podré olvidar. Es Gotama, el Ilustre, el que predica esta doctrina. Miles de hombres jóvenes oyen sus enseñanzas cada día y siguen sus instrucciones cada hora, pero todos son como hojas que caen; no tienen sabiduría ni un guía dentro de sí mismos.*

Siddhartha, **Hermann Hesse**

LOS ORÍGENES DE LA MEDITACIÓN

EXISTEN *algunos registros de prácti-cas formales similares a la meditación, que datan de hace miles de años, aunque en esos tiempos las prácticas meditativas eran dominio de los altos sabios. Las civili-zaciones antiguas eran principalmente teocráticas: el gobierno del pueblo se hacía de acuerdo a unas leyes divinas y era dirigi-do por deidades y por los sacerdotes. Entre los egipcios y los griegos, los faraones eran los sacerdotes y sacerdotisas supremos, mientras que los indios autóctonos y los chinos tenían sus chamanes, adivinos, cu-randeros y hechiceros.*

LAS CIVILIZACIONES ANTIGUAS

Aunque no existen registros amplios de prácticas de meditación formales entre las civilizaciones egipcias, sabemos que da-ban una gran importancia a los sueños y a las predicciones que contenían. Los tem-plos llamados serapeos existieron al-rededor de 4.000 años y en ellos la gente practicaba la "incubación de los sueños". Una persona dormía en el templo con la esperanza de recibir un sueño presagioso, que podría ser interpretado más tarde por los oráculos o los sacerdotes. La importan-

Izquierda: **Se cree que las gigantescas proporciones de las estatuas budistas reflejan la talla intelectual de Buda.**

Una Gran Tradición Histórica

cia aquí la tienen los intensos rituales que acostumbraban preceder a la noche de los "incubadores" en el templo: estos rituales incluían el ayuno, bañarse y untarse con aceites, y la oración –ya por sí misma una forma de meditación.

La incubación de los sueños, junto con sus rituales preparatorios, también se practicaba en Grecia, aunque los griegos se centraban más en la curación y en encontrar curas médicas, invocando a sus dioses del sueño, Hipnos y Morfeo.

EL MUNDO ESPIRITUAL DE LAS TRIBUS

Debido a que las sociedades tribales viven tan cerca de la naturaleza, expuestas a las inclemencias del tiempo y a potentes fenómenos naturales, creen en un mundo de fuerzas poderosas espirituales. Sus formas primitivas de religión incluyen ceremonias rituales de tambores y danzas que producen estados de éxtasis y visiones, a través de las cuales el mundo espiritual se hace oír. Los chamanes son especialistas de estos estados de trance y, durante ellos, son capaces de comunicarse con los espíritus. Sin embargo, estos estados no pueden compararse estrictamente a los verdaderos estados de meditación. En sociedades primitivas de cazadores y reco-

Arriba: **Una pintura del dios indio Jina, sentado en la postura de loto, la postura tradicional de la meditación.**

lectores, algunos miembros de la tribu desarrollaban unas habilidades intuitivas agudas, particularmente durante sus rituales de caza, que podían durar varias horas –a veces días– de intensa calma, concentración y de elevada conciencia cuando seguían las huellas de sus presas. Alcanzar este estado mental es un principio clave de la meditación.

LA VIDA MONÁSTICA

Las tradiciones monásticas de contemplación religiosa incluían algunas de las que se conocen como religiones "universales", como el cristianismo, en el que los monjes y monjas entraban en un monasterio para llevar una existencia recluida de ascetismo (ayuno y celibato), durante la cual dedicaban muchas horas a la oración. La contemplación solitaria era una de sus formas de meditación.

LAS INFLUENCIAS HINDÚES

A pesar de que el budismo es el camino que, generalmente, se asocia más con la meditación, en realidad surgió de la tradición hindú, que ha existido desde tres milenios antes de Cristo. Unas excavaciones arqueológicas han desenterrado una estatua, que data de este período, de un dios hindú concentrado en la meditación en la posición de yoga.

La idea de combinar el yoga con la meditación refuerza la creencia hindú de que la humanidad forma un todo con el universo; lo físico, lo mental y lo espiritual, cuando se unen en armonía, se integran completamente con las energías cósmicas.

Buda, El Iluminado

Se dice que el budismo fue fundado por el príncipe Gautama Siddhartha, que nació en el seno de una familia hindú en 560 a. C. (De las dos sectas principales que surgieron, la Theravada y el Budismo Mayahana, los therevadinos mencionaban a otros budas, pero Gautama es, sin duda, el más conocido.) Por tanto, fue en Oriente donde la meditación se igualó en un principio al descubrimiento espiritual interior.

Gautama Siddhartha, a pesar de la vida próspera y regalada que llevaba, experimentaba un sentimiento de insatisfacción interior; estaba horrorizado, también, por la enfermedad, la vejez y la muerte que todo el mundo debe enfrentar. Decidió dejar atrás su vida de cultura y lujos, su familia y amigos, y partió como un simple mendigo que dependía de la caridad de los demás, para explorar ese anhelo más profundo de su alma y buscar el verdadero

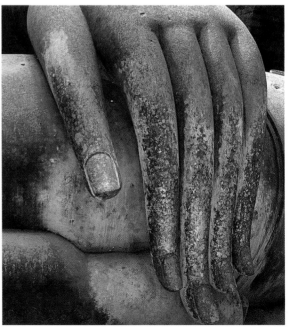

conocimiento con los místicos de su tiempo. Para conseguir esto, primero practicó el yoga y luego dio un giro hacia el ascetismo extremo. Sin embargo, durante este período su salud se deterioró rápidamente, lo que le llevó al convencimiento final de que los extremos no eran la respuesta al conocimiento de uno mismo.

Siddhartha Gautama se embarcó en el, por aquel entonces, famoso estilo de meditación conocido como el "camino medio". Este simple, pero profundo, acercamiento le llegó después de zarpar en un barco sobre el cual un músico explicaba a un estudiante que uno debería mantener las cuerdas de su cítara "ni muy sueltas, ni muy tensas" para producir las mejores notas.

En Bodh Gaya, Gautama se sentó bajo una higuera a meditar y fue aquí donde obtuvo el conocimiento de sí mismo y fue iluminado. Actualmente se conoce este árbol como el "árbol bodhi", o "árbol de la iluminación". Habiéndose convertido en Buda –"el despierto, el iluminado"–, pronto obtuvo partidarios y sus enseñanzas se extendieron por la mayor parte de Asia.

Página opuesta: **El camino budista se propone sublimar el ego, ayudado por prácticas meditativas regulares.**

Derecha: **Objetos como éstos, dispuestos según la simplicidad Zen, se usan en la meditación para favorecer la claridad mental.**

EL BUDISMO ZEN

Basado en la tradición budista, el Zen es una escuela de pensamiento que, aunque se originó en la India durante la vida de Siddhartha Gautama, llegó al Japón desde China en el siglo XI. (El budismo fue introducido por primera vez en China en el primer siglo antes de Cristo, por Bodhidarma, un líder meditativo del sur de la India, de una secta que combinaba elementos del taoísmo con el budismo Mahayana.)

Durante décadas, el budismo Zen fue penetrando en todos los aspectos de la vida: desde la casa, el jardín, el entorno natural, a las horas pasadas en contemplación de nuestra naturaleza esencial para obtener la iluminación o *satori*.

Los ideales Zen abarcan la sencillez, la tranquilidad y la calma; todas reflejadas en los serenos interiores minimalistas japoneses y los jardines simplificados que dan importancia a la calidad de las formas, texturas y acabados. Estos valores también pueden observarse en los reducidos, pero exquisitos, arreglos florales, conocidos como *ikebana*. Este enfoque visual minimalista de la vida se basa en la creencia de que, eliminando todo aquello que no es esencial en nuestra vida, el cuerpo, la mente y el espíritu experimentan una mayor claridad y están abiertos a una mayor creatividad, dado que el entorno inmediato no ofrece distracciones. La austeridad del Zen conduce a un incremento de la concentración, de la intuición y de la penetración psicológica. Aprender el arte de la conciencia es la base de los principios Zen y ayuda al individuo a llegar a la iluminación. Esto se consigue más fácilmente evitando nuestro apego a las cosas mundanas y, al dejar a un lado el desorden, podemos concentrarnos más en la meditación.

Una enseñanza importante del Zen es ser capaces de convertir un trabajo diario mundano en una especie de ritual meditativo, al ser plenamente conscientes de cada movimiento físico y otorgando importancia a cada acto. Esto se evidencia, sobre todo, en la ceremonia japonesa para hacer el té (véase pág. 88), *Cha ho yu* o el Camino del Té. Si los individuos perfeccionan esta ceremonia, pueden controlar y liberar la mente de cualquier pensamiento no deseado o perturbador.

EL OBJETIVO *de la meditación es que abandonemos el intelecto y entremos en un estado de "existencia" con nosotros mismos.*

Natalia Baker

LA MEDITACIÓN *no se consigue fácilmente. Un árbol hermoso crece lentamente. Debemos esperar el florecimiento, la maduración del fruto y el sabor final. El florecimiento de la meditación es una paz que envuelve todo el ser. Su fruto es... indescriptible.*

Swami Vishnu-devananda

DEJEMOS *que el pasado decaiga, Dejemos que el futuro decaiga, Hagamos que el momento presente sea perfecto.*

Steven Norval

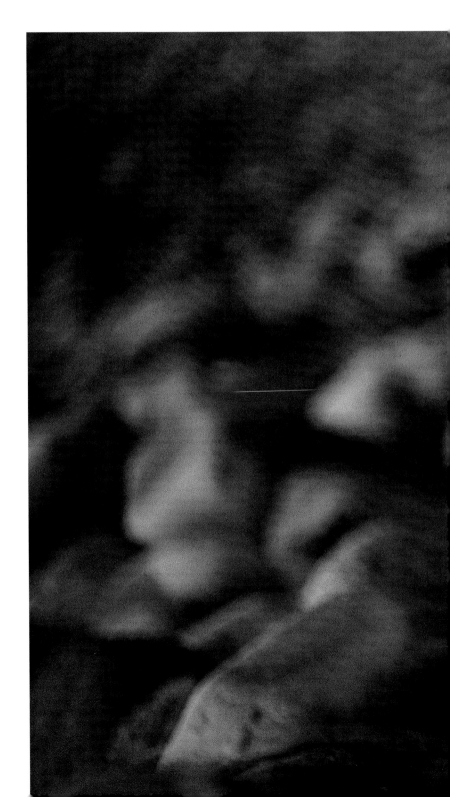

Un Método para Eliminar el Estrés

Los Beneficios de la Meditación

LA GENTE *que comienza a meditar por primera vez puede descubrir que, empezando con una simple rutina de tan sólo cinco minutos al día, su vida puede experimentar un gran cambio.*

La meditación es sentirse en un "estado de nada". Debido al ritmo frenético que la mayoría de nosotros soportamos en nuestra ajetreada vida, ése es un estado envidiable. Al proponerse calmar el flujo de pensamientos que crean un constante parloteo en nuestras mentes, a menudo estimulado por las emociones, la meditación nos lleva a un estado de calma interior. Descubrirán que, al relajarse y centrarse, su salud mental y física mejorará.

Eliminar el estrés de la vida

Está suficientemente probado el hecho de que la meditación provoca muchos beneficios físicos al individuo. Una respiración profunda y regulada aumenta el suministro de oxígeno por todo el cuerpo y también calma el sistema nervioso; este mejorado flujo respiratorio y una sangre rica en oxígeno disminuyen el ritmo cardíaco (el corazón no tiene que bombear tan rápidamente para suministrar al cuerpo lo que necesita). Se ha comprobado, también, que una sesión de respiración profunda y controlada rebaja la presión sanguínea, casi inmediatamente.

Una meditación regular le ayuda a liberar su cabeza del parloteo mental constante, y conduce a un pensamiento más centrado y ordenado, y a un poder de decisión más efectivo. Poseer más control sobre su propia mente y sobre cualquier reacción impulsiva le permite tener una perspectiva más clara de las situaciones y también elimina juicios maquinales que están incrustados en todos nosotros por nuestras circunstancias sociales. Nuestros obsesivos procesos de pensamiento –y las emociones que provocan– se derivan predominantemente de nuestro ego, esa parte de nosotros mismos que contiene toda nuestra programación y nuestras influencias exteriores. Éstas son el resultado de nuestra experiencia vital individual, que modela nuestra percepción del mundo y nuestra manera de encajar en él. Cualquier herida emocional encerrada en el ego puede crear máscaras; también puede motivar nuestras acciones y provocar que nos conformemos rígidamente con los códigos y la moral sociales.

La meditación es una potente herramienta que puede tranquilizar el combate mental de la mente egotista y llevarnos a nuestro yo auténtico, viviendo una existencia más relajada y pacífica.

LA TRANQUILIDAD INTERIOR CONSTRUYE LA CALMA EXTERIOR

Dándole a la mente el tiempo y el espacio para disminuir su hiperactividad, descubrirá que su propio sentido común o sabiduría interior pueden motivarle. Por tanto, aprende a operar desde una realidad personal que es más "real" porque utiliza sus facultades intuitivas. Sin embargo, la intuición no surge cuando la mente está atestada de análisis, críticas, juicios y percepciones programadas.

El pensamiento oriental ve la intuición como una "sabiduría superior", porque no está influenciada por la racionalización mental o los procesos analíticos. La intuición es una forma superior de inteligencia porque se alimenta de la penetración psicológica, la sabiduría y el entendimiento. Básicamente, usted alinea su mundo interior y el exterior y, por tanto, vive con mayor integridad.

Esencialmente, el estado meditativo es sentir una presencia en el momento que está viva, calmada, centrada –una tranquilidad interior y una conciencia de "existir" en un nivel irracional, ya que la mente cognitiva no entra en juego. Es interesante el hecho de que las personas que tienen un éxito real y duradero en la vida, no sólo en los negocios, tienen un aspecto meditativo, o un foco de salida para relajarse en sus vidas, ya sea el yoga, el baile, la natación, el golf, la jardinería o la pesca.

Página opuesta y abajo: **Muchas actividades de relajación tienen una cualidad meditativa, porque exigen una cierta concentración en un único punto de la tarea, cosa que distrae la mente de su actividad mental normal. El modo en que la Naturaleza también atrapa completamente a los sentidos es saludable para apartar la mente de los estorbos de las ansiedades diarias.**

Aprender a Tranquilizar la Mente

Dar el primer paso

Todo el mundo puede practicar la meditación: incluso los niños y la gente mayor están interesándose por ella actualmente. No se requiere ninguna aptitud ni atributo especial; todo lo que debe hacer es sentarse y "existir".

El modo de empezar a entrenar la mente para este estado de "existencia" es la concentración. Esto implica realizar una actividad calmada y lentamente, sin distracciones, una actividad en la que pueda centrar su atención sobre un único punto; es decir, pensar en una única cosa a un tiempo. Las dificultades para efectuar esto hoy en día son que la vida de la gente tiene demasiada actividad –incluso los pasatiempos de relajación o recreo pueden ser competitivos y orientados hacia el deporte o los negocios.

Permanecer en un estado de "no hacer" le enseña a parar el parloteo mental, llamado "discurso" porque es una conversación interna interminable, que se mueve entre la decisión y la indecisión, cambiando con actitudes o emociones, zigzagueando de la esperanza al miedo. Tales emociones influyen sobre las decisiones que se toman y las acciones que se llevan a cabo en la vida.

Derecha: **Cualquier lugar apacible de su casa puede convertirse en un espacio adecuado para una meditación tranquila.**

Los tibetanos tienen un dicho: "O bien puedes cubrir el mundo con cuero o bien sólo puedes cubrir tus pies con cuero." En otras palabras, limite su ámbito de visión y reduzca el enfoque: sólo necesita controlar su mente para poder manejar adecuadamente toda su vida.

Quizá al principio piense que su concentración es bastante buena, pero una vez que intente meditar, descubrirá que es imposible mantener su mente sin pensamientos durante más de unos segundos. Intentar concentrar la mente en algo durante un cierto espacio de tiempo es muy difícil al principio. Sencillamente, no paran de entrar pensamientos.

No se desanime en este punto. No debe aproximarse a la meditación pensando que será capaz de conseguirlo a la primera por arte de magia. Es como comenzar un deporte nuevo; se necesita mucha práctica antes de llegar a sentirse seguro de lo que hace. Habrá veces en las que sienta que no está progresando; sin embargo, cada vez que practique estará haciendo un poco más fácil la lección siguiente y eso innegablemente supone una diferencia en la calidad de su meditación. Lo importante es reconocer la necesidad de calmar el desorden de su mente y dar un primer paso hacia la meditación.

ATENCÍON, CLARIDAD Y CALMA

Puede tranquilizar ese parloteo no dejándose llevar por ninguna de las discusiones que su mente tenga consigo misma. Al principio, las técnicas de concentración le ayudarán a alejar su atención de los pensamientos conforme vayan surgiendo, enseñándole cómo concentrarse sólo en una cosa a la vez. Aprenderá a no involucrarse ni rechazar tampoco el desorden mental de su cabeza, sino más bien a aceptar y a reconocer que está allí, a aceptar todos los pensamientos cuando surjan y a dejarlos a un lado suavemente. De esta manera, aprende a deshacerse de sus respuestas emocionales conflictivas, patrones de pensamiento o creencias inalterables en el momento en que aparecen. Debe aceptar la paradoja de que quizá haya más de una respuesta, o respuestas conflictivas o, incluso, ninguna.

Mucho, mucho más adelante quizá haya conseguido entrenar su mente hasta el punto de no pensar en nada. Si lo consigue, aun con la ausencia de pensamiento, tendrá conciencia del poder de la mente en su estado más fuerte, más claro. Podría, alguna vez, experimentar la extraña visión fugaz de la magia de la mente: de repente, parece que todo está en calma, su vista se agudiza y se ilumina, y le invade una sensación increíble de paz y bienestar. Experimenta una sensación sobrecogedora de conocimiento, que le obliga a sentirse maravillosamente revitalizado y feliz. La práctica de la meditación entrena la mente para acceder más fácilmente a este estado y permanecer en él.

Estas pequeñas ventanas de claridad hacen que se dé cuenta de que usted posee una sabiduría innata que no se obtiene con la experiencia o las enseñanzas. Está más allá del control de la lógica y la razón. Está explotando un comportamiento y una intuición latentes en usted, que guían y dirigen sus acciones. Para la mayoría de la gente, sin embargo, primero deben deshacerse de las capas de los patrones habituales y de las circunstancias sociales, que crean desconfianzas y miedos. Las personas necesitan aprender a confiar en ellas mismas más plenamente.

Asi, con la meditación intenta alcanzar una realidad más pura, porque la mente, en este estado de paz –una conciencia pura del yo sin las distracciones o la influencia del pensamiento–, sólo se apoya en su propio poder y sabiduría inherentes.

LA INFLUENCIA PODEROSA DE LA SERENIDAD INTERIOR

Su primer gran logro es la decisión de dirigirse hacia la meditación; esto indica su voluntad de ser proactivo en el momento de tomar una responsabilidad por sí mismo. Está preparado para afrontar a su yo interno e intentar armonizar su mundo físico externo con su mundo espiritual y mental interno. La meditación le enseña a ser más honesto consigo mismo y, por tanto, es más probable conseguir una aproximación a una vida más coherente.

Arriba: **La meditación, como todas las habilidades, es más fácil con la práctica. Entre la comunidad budista, esta habilidad se aprende a una temprana edad.**

Las dos cualidades asociadas con todas las tradiciones meditativas son la compasión y la sabiduría. Se obtienen a través de la verdadera comprensión de sus estados mentales. Esta comprensión puede conseguirse si se compromete a: sentarse al principio durante 20 minutos (que se pueden alargar conforme vaya practicando) y hacer trabajar la mente; conseguir una paz calmada durante la cual surjan decisiones de su verdadero yo interno que se deliberen de forma correcta; eliminar el gasto de energía que suponen los pensamientos tensos y las discusiones mentales; ver las cosas desde una perspectiva nueva y creativa, porque usted controla su mente.

Científicamente, se sabe que los patrones de las ondas cerebrales funcionan a cuatro niveles: beta, alfa, theta y delta. El nivel beta controla las cualidades analíticas, lógicas y deductivas de la parte izquierda del cerebro. Es aquí donde tiene lugar la actividad física y el pensamiento racional. La parte derecha del cerebro, alfa, es creativa, imaginativa y artística; es de donde proceden la intuición, los presentimientos y la inteligencia innata. Éste es el mejor nivel para la meditación. Las endorfinas, sustancias químicas que producen los sentimientos de bienestar en una persona y que disparan el sistema inmunológico, se liberan en el estado alfa. Es una onda cerebral de mucha menor pulsación, en la cual se alcanza una tranquilidad mental muy profunda y se accede a la verdadera imaginación, a la inspiración y a las ideas artísticas. Es en el nivel delta, la onda cerebral de menor pulsación, donde los yoguis experimentados alcanzan un estado de "éxtasis absoluto".

La meditación influye y estimula los poderosos mecanismos de curación propios de nuestro cuerpo. Hoy en día, está ampliamente reconocido, incluso entre los

círculos de medicina ortodoxa, que una persona es capaz de usar unas actitudes mentales positivas, junto con los propios poderes curativos del cuerpo, para iniciar un proceso de curación.

Dado que el ser humano es un sistema de energía (véase pág. 56), el pensamiento también tiene sus propias vibraciones energéticas, con potencial para afectar las capas físicas, mentales y espirituales. Los conceptos orientales que indican que el cuerpo consta de una serie de canales de energía llamados "meridianos", a lo largo de los cuales hay siete centros de energía principales llamados "chacras", están siendo aceptados cada vez más en Occidente. Se cree que cualquier bloqueo de los meridianos o un desequilibrio en los chacras se manifiestan como enfermedades en el cuerpo físico. Cada vez se habla más en inglés de la enfermedad llamada "disease" (notranquilidad), no refiriéndose a una infección bacteriana o vírica, sino a

una falta de harmonía en los meridianos o en los chacras, estimulados por el cuerpo físico y por el hecho de que los cuerpos mentales y espirituales no están en línea. "No estar tranquilo" es un estado del cuerpo. Con técnicas de visualización y de respiración controlada, la meditación puede devolver la armonía a estas áreas.

En un nivel emocional, la meditación fortalece el sentido de confianza en uno mismo. Cuanto más medita, más está en armonía con su sabiduría innata. Le enseña a discernir mejor entre las influencias externas de los medios de comunicación, la publicidad, las opiniones de los demás y otras expectativas propias. Al crear espacio libre en su mente, está haciendo que sus puntos de vista más estrechos tengan más espacio para expandirse; esto le proporciona una mejor perspectiva y, al final, es capaz de abandonar ciertos juicios u opiniones antes inalterables. La meditación le enseña a alejarse de las reacciones automáticas estándar, a las que se llama "reflejos", que son resultado de las influencias exteriores y los pensamientos habituales, y se han convertido en algo profundamente arraigado. No se necesita ningún proceso de pensamiento para que emerjan: son reflejos condicionados.

Izquierda: **Unas manos, captadas en película mediante el sistema de fotografía Kirlian, responden a un campo eléctrico aplicado; la luz sale emitida como fotones a partir de la interacción eléctrica.**

RELAJACIÓN MEDITATIVA

La relajación es la forma propia de meditación del cuerpo. El movimiento disminuye, los músculos liberan tensión y los dolores se disipan. Pero para obtener el máximo de su relajación, también se necesita un cierto nivel de conciencia; la meditación y la relajación, por tanto, van inextricablemente unidas. Debe estar completamente presente, con conciencia completa del momento, usando todos sus sentidos.

Al relajar su cuerpo, necesita relajar la mente al mismo tiempo; pero no "desconectando", ya que entonces eliminaría la esencia de la verdadera relajación. Es importante no divorciarse de sus sentidos; necesita estar bastante alerta y en conexión con el proceso.

Hoy en día, vivimos con mucha facilidad situaciones estresantes: equipos electrónicos que no funcionan bien, un virus en el ordenador del trabajo cuando debemos entregar un trabajo con fecha límite, una reunión tensa, un conflicto con un compañero, estar atrapados en un atasco cuando tenemos prisa por llegar a

algún sitio. ¡Qué pronto olvidamos lo sencillo que es manejar el estrés si nos damos la oportunidad!; Incluso basta simplemente con unos minutos de respiración profunda, que calmen y tranquilicen el cuerpo y la mente.

Mejorará mucho si complementa su progresión personal en la meditación con la lectura de libros sobre el tema, y asiste a cursos y conferencias, ya que le informarán de verdades que ya han sido probadas por otras personas. Puede aprender de ellas aplicando las técnicas en su propia meditación para ver si funcionan para usted.

GANANDO CONOCIMIENTO EN EL DÍA A DÍA

Como ejercicio preliminar, intente ver qué actividades de las áreas del trabajo, el deporte, los hobbys y el ocio pueden favorecer la meditación. ¿Con cuál sería difícil y con cuál imposible? Intente sentirse consciente durante sus diversas actividades diarias y compruebe cómo podría servirle esto para mejorar lo que hace o para ayudarle a relajarse al mismo tiempo.

Observe a los demás y compruebe cómo ciertas actividades exigen determinados estados mentales. Cuando se acerque a otras personas durante el día, compruebe qué conciencia tienen de su presencia y del entorno, la que tiene usted y qué situaciones pueden cambiar por ello.

Compruebe qué pocos silencios hay cuando la gente se junta y lo rápido que la gente se pone a hablar para llenar esos espacios intermedios que les parecen incómodos.

Haga tres respiraciones profundas en cualquier momento del día, espirando lenta y profundamente fuera de usted toda su tensión, ansiedad y estrés.

Arriba: **Una respiración profunda y controlada –que calma el sistema nervioso y nuestra respuesta al estrés– nos puede ayudar a soportar el ritmo frenético de la vida moderna.**

SI MANTIENES *tu práctica diaria de mirar hacia dentro, abrirás un canal en tu ser que te hará ser más consciente de lo que eras. De la misma manera que entrenas tus músculos para que obedezcan tu voluntad, también puedes entrenar el "cuerpo" mental para que obedezca la voluntad de tu conciencia.*

Judy Finch

EL OBJETIVO *de la meditación es que el hombre abandone el intelecto y entre en un estado de su propia existencia, de su ser consigo mismo y, por tanto, con su Yo más alto, con su Dios Yo.*

Judy Finch

PACIENTEMENTE, *poco a poco, el hombre debe liberarse de todas las distracciones mentales con la ayuda de una voluntad inteligente.*

Bhagavad-Gita

INICIACIÓN

Cuándo Meditar

HOY EN DÍA, generalmente debemos añadir cosas a nuestra vida cuando disponemos de tiempo y, obviamente, es mejor realizar la meditación cuando tenga un momento que no hacerla nunca.

Es una buena idea, al principio, intentar meditar en diferentes horas del día. Así, encontrará un momento óptimo cuando su mente esté relajada al máximo, pero también bastante alerta.

POR LA MAÑANA temprano

es un buen momento para practicar, ya que la mente está relajada y fresca, y el día recién empezado y hermoso. Es probable que no haya muchas distracciones ni ruidos a esa hora. Después de meses, o años, levantarse pronto se convierte en una adicción, y con todo derecho, porque es la parte del día más maravillosa y más llena de energía.

EL MEDIODÍA también es un buen momento, ya que es una oportunidad de hacer algo positivo con la hora de comer, que a menudo se malgasta porque es un intermedio o período de olvido. Una ventaja añadida es que le ayuda a relajarse, a concentrarse y a recargar ánimos, permitiéndole manejar con más eficacia su energía, que para la mayoría de la gente tiende a decaer por la tarde.

LAS TARDES también son una opción, porque en ese momento ya se han tratado todos los problemas del día y puede tener tiempo libre. Sin embargo, procure no meditar antes de irse a dormir porque, para mucha gente, puede resultar muy energético; podría provocar que estuviera con los ojos abiertos hasta altas horas de la madrugada. Por otro lado, si se levanta en medio de la noche y no puede dormir, meditar a esa hora le relajará y luego podrá dormir profundamente.

Poca gente puede meditar con éxito en la cama debido a que se asocia demasiado con el estado de sueño. Resulta más difícil crear una conexión interna centrada.

Algunas personas dicen que, en este momento de la tarde-noche, están muy cansados y se duermen durante la meditación. Si se da este caso, una buena práctica es meditar con los ojos abiertos, concentrándonos en un punto que esté un poco alejado y ligeramente por debajo del nivel de los ojos.

LOS FINES DE SEMANA son

un buen momento para intentar alargar el período de meditación (inicialmente haga esto solamente un día). Intente hacer la mitad más del tiempo que normalmente le dedique, o haga el doble de tiempo si cree que puede. Como en cualquier actividad que se empieza, es útil establecerse un horario; luego, debe asegurarse de que lo cumple.

Izquierda: La primera hora de la mañana es, a menudo, la mejor para la meditación, porque se requiere una mente fresca y concentrada.

Derecha: Si tiene dificultades para encontrar calma, una hora de soledad durante el baño puede ser la respuesta.

Consejos

• Las comidas deben ser ligeras (por ejemplo, fruta o una sopa) en caso de que deba comer antes de meditar.

• Es mejor no meditar con el estómago lleno, ya que la energía del cuerpo se dirige al proceso digestivo y agudiza la tendencia a sentirse cansado.

• Fije un tiempo regular de meditación para burlar la astucia de su propia mente, que encontrará mil excusas posibles y cosas "más importantes" que hacer.

• Salpíquese en la cara con agua antes de meditar –e incluso durante el día– como método, simple pero muy subestimado, para refrescar sus niveles de energía. El agua atomizada es muy refrescante, si se tiene que meditar en un sitio caluroso.

• Si realiza meditación en grupo, relájese y no se sienta incómodo por moverse o cambiar de posición si tiene un calambre. Reunirse con un grupo de meditadores puede crear una química de grupo que puede dar un impulso a su práctica meditativa.

LA PREPARACIÓN

DÓNDE MEDITAR

Generalmente, la primera vez que medite lo mejor es encontrar un lugar tranquilo, lejos de personas o animales, donde no le distraiga el teléfono, los niños, las visitas, etc. Si está dentro del área de sonido del teléfono y suena, deje que suene y que salte el contestador. Sonidos o voces lejanas de la televisión de fondo también son una distracción particularmente molesta, ya que la mente siempre hace un esfuerzo por intentar escucharlos o intentar adivinar lo que se dice.

No es probable que pueda permitirte el lujo de disponer una habitación completa sólo para meditar, pero le bastará con un simple rincón; es mejor que éste sea su espacio habitual, ya que así creará su propio ambiente.

Puede convertir ese tranquilo rincón en un sitio especial poniendo flores, aceites de aromaterapia, o quizá un objeto bonito que le llegue al corazón. Se sabe que la respuesta emocional que estos objetos bellos evoquen en usted le ayudará a entrar en el estado alfa de la mente más rápidamente.

Procure sentarse de manera muy confortable en su rincón.

Si el espacio que ha escogido no es muy amplio o le distraen fácilmente las otras cosas de la habitación, puede probar el método Zen de ponerse frente a una pantalla o una pared con la cara a unos 80 cm de su superficie. La idea es mantener los ojos abiertos durante toda la meditación, concentrándose en la pared o en la pantalla. Es una cosa difícil para la mayoría de gente; sin embargo, puede ser bueno para aquellos que tienden a dormirse durante la meditación.

Si el tiempo lo permite, los patios, balcones o jardines son sitios apropiados para meditar, si son tranquilos y es usted capaz de no distraerse con la belleza exterior. Puede ser agradable usar esas áreas como una recompensa especial de cuando en cuando. Cambiar así su lugar de meditación puede ser bastante inspirador y puede actuar como impulso de energía cuando esté cansado o se sienta abatido.

La decisión de probar la meditación puede, a veces, confundir a la gente cercana a usted si no conocen mucho sobre ella. Tranquilícelos explicándoles exactamente lo que hace y porque siente que necesita ese momento tranquilo en soledad; también puede invitarles a unirse a usted para meditar. Si no lo entienden y continúan haciéndose preguntas, recuerde que ha hecho un esfuerzo especial para conseguir ese momento, así que no debe sentir miedo de apropiarse de él y manejarlo tal como se ha propuesto.

Arriba: **Redisponiendo los "trastos" de un ático puede crearse un rincón especial de meditación.**

¿Cuánto tiempo se debe meditar?

Como principiante, la duración de sus sesiones iniciales estará determinada por la cantidad de tiempo en la que sea capaz de concentrarse por un período de tiempo ininterrumpido. Es mejor meditar solamente mientras se sienta a gusto –esto puede ser unos 10 o 15 minutos al principio para algunas personas– e ir aumentando poco a poco hasta 45 minutos si su concentración mejora.

El objetivo no es analizar ni intentar cumplir una meta, ya que las expectativas pueden hacer que se anticipe a un resultado específico. Sólo tiene que mantener una atención relajada pero aguda sobre todas las cosas, una conciencia de los sentidos.

Cuando estamos completamente absorbidos por el presente, sentimos alegría, paz, seguridad, unidad, armonía, santidad y una sensación vibrante de estar vivos. Son estos momentos los que hacen que merezca la pena vivir, cuando conectamos con un Yo superior. Son momentos de plenitud, o momentos sagrados.

Tomado de Abraham Maslow

CONSEJOS

Manténgase lejos de los monitores de ordenador y de otras aplicaciones eléctricas, ya que, a menudo, producen un ruido subliminal o radiación que interfiere con sus vibraciones energéticas personales y puede perturbar su mente sutilmente.

• Ponga a su alcance un vaso de agua, pañuelos, etc. (sólo lo esencial), para no tener que estarse levantando.

• Aunque busque un sitio tranquilo sin distracciones, los sonidos que pueda oír no deben verse como un problema (a no ser que debiliten la meditación, por supuesto). Una vez se haya sentado, deberá reconocer pero no fijarse en los sonidos que oiga.

Derecha: Puede ser bastante estimulante practicar la meditación en el exterior. Un cambio de escena a menudo le resultará inspirador y mejorará su sesión.

Ropa Adecuada

NO HAY ningún código de vestuario sobre la ropa adecuada para meditar. Lo importante es que su ropa no tenga estructura, que sea suelta y que no restrinja.

Por supuesto, al otro lado del espectro, entre las tradiciones orientales, hay ciertos yoguis que no llevaban nada puesto, a causa de la pobreza, el ascetismo, para estar más cerca de la Naturaleza primordial o incluso como ¡señal de éxito! Algunos yoguis tibetanos son conocidos por practicar en temperaturas bajo cero. En realidad, la idea es estar tan cómodo como sea posible.

La ropa deportiva se ha hecho muy popular en los centros de meditación, hoy en día, aunque la ropa estrecha y elástica no es la más ideal para cruzar las piernas durante un largo período de tiempo. También puede ocurrir que las piernas se deslicen estando en la posición de loto, debido a la suavidad de las telas. Sin embargo, ¡no hay normas!

Es una buena idea llevar ropa un poco cálida, ya que la temperatura corporal disminuye durante la meditación, y sentir frío puede ser incómodo y provocar distracción. Sentir calor, por otro lado, puede provocar sueño. Tener cerca un chal grande o una manta puede ser una ayuda inestimable. Pueden usarse para mantenerse caliente, para poner en el suelo debajo del cojín, si el suelo es duro, o para levantar un cojín demasiado bajo.

Algunos meditadores encuentran útil llevar un chal especial o una pieza de ropa que tenga un valor emocional que pueda inspirarles en la práctica meditativa. Esta pieza se convierte en un símbolo de su conexión interior y de su entrega a lo que está haciendo.

Cuando medite en grupo, es mejor no llevar un perfume fuerte porque esto puede distraer a los demás.

Izquierda: **La meditación disminuye la circulación, así que tenga a mano un chal para el frío.**

CONSEJOS

Otros elementos que son útiles para meditar son:

• Un despertador o reloj con alarma para que no tenga que estar pendiente del reloj.

• Un par de cojines extra que puedan servirle para reforzar un miembro o para estar más cómodo.

• Una pequeña campana o gong (una práctica popular entre los budistas tibetanos) para marcar el inicio y el final de la sesión práctica. La tradición dice que son tres para empezar, dos para finalizar y uno al final y al principio de una sesión de meditación andando.

• Tenga a mano un chal o una sábana pequeña, ligera para ponérsela en los hombros, ya que puede coger frío rápidamente con la disminución del proceso de circulación y respiración.

Cómo Sentarse

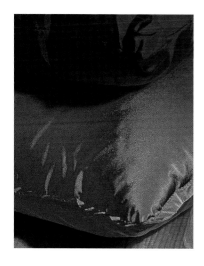

Éste probablemente sea el elemento más importante del equipo de meditación, ya que tiene el poder de crear o de romper su práctica. Si, mientras está meditando sobre su cojín, no se enfrenta a nada más que a su mente ingobernable y a un entumecimiento o rigidez en las nalgas, no progresará mucho, así que lo más práctico es estar tan cómodo y relajado como sea posible desde el principio.

Hay una historia sobre un famoso yogui tibetano, Milarepa, a quien un discípulo cercano le preguntó por una enseñanza, y en respuesta se giró y se levantó el vestido para mostrar su trasero lleno de callos. Al descubrir la inmensa dedicación de su maestro por la práctica meditativa, el discípulo rompió a llorar.

Puede usar tantos cojines como prefiera para sentarse, reforzar la espalda y apoyar las piernas. Generalmente, algo en forma de cuadrado, como un relleno de espuma de poliuretano, que ofrezca un apoyo firme, es lo más confortable. Si opta por sentarse con las piernas cruzadas sobre el suelo, pero aún está en una posición un poco rígida, levante sus caderas sentándose sobre cuatro cojines relativamente bajos. Esto mejora cualquier dolor en las caderas o en las rodillas. En cualquier momento, sus caderas deberían estar levantadas para que estén en un nivel un poco superior al de las rodillas. Ésta es una buena forma de asegurar que mantiene la columna recta.

Otra posición preferida por algunos meditadores es apilar cojines, uno sobre otro, de manera que, cuando se siente, las rodillas y espinillas quedarán extendidas en el suelo a cada lado. Esto es muy bueno para estirar la columna.

Los budistas prefieren el más tradicional *zafu*, un cojín circular de procedencia Zen, y el *zabuton*, una alfombra que parece un pequeño *futon* plano. Antes acostumbraban a ser negros, pero ahora se hacen en todos los colores y medidas.

Para aquellos que deseen usar asientos alternativos, un taburete o una silla de respaldo recto son igual de adecuados. Es útil elegir una silla con una altura que permita colocar las plantas de los pies planas en el suelo con los muslos paralelos al suelo.

Arriba: **No hay normas sobre el tipo de cojín que debe usar, ni sobre la cantidad. Lo más importante es estar sentado cómodamente.**

Abajo: **Mantener la columna recta es esencial en la meditación. Una silla con respaldo puede ayudarle a conseguirlo.**

Posturas para Meditar

Posturas sentadas

Hace siglos, los maestros de la meditación expusieron que ciertas posturas favorecían el proceso de meditación, permitiendo un flujo libre de energía sutil entre los *chacras,* a través de los meridianos y los *nadis,* y alrededor del cuerpo (véase página 57). La respiración también tiene un paso más abierto para fluir libre hacia los pulmones. En un nivel más práctico, una columna recta, bien apoyada, sobre la cual la cabeza está equilibrada y relajada, favorece una postura abierta y receptiva que le ayuda a obtener control sobre su mente. Suavemente, respira y elimina las tensiones, dolores y males de su cuerpo, de manera que la mente no se distrae.

La más popular de las posturas de meditación es la posición de loto, seguida de la de medio loto. Muchas tradiciones orientales de meditación describen el camino del meditador como el camino del "guerrero", porque no es fácil meditar con regularidad. La trascendencia de la postura meditativa yogui es que no sólo aguanta el cuello, la espalda y los hombros, sino que ayuda a infundir una actitud orgullosa e inspiradora en la mente, reforzando la noción de que se necesita una cierta cantidad de positivismo, confianza y entrega para mirar con profundidad dentro de nuestra mente.

Lo más importante de todo, sin embargo, es estar cómodo. No todo el mundo puede adoptar estas posturas yoguis, y también es igualmente aceptable cruzar o doblar las piernas delante de uno mismo de una manera más suelta. Mucha gente encuentra que les ayuda usar la pared como apoyo para la espalda, sentarse en un cojín, con un cojín adicional para apoyar la espalda y las piernas extendidas. Otros prefieren sentarse en una silla con respaldo recto o "silla para rezar". El aspecto más esencial es mantener la espalda recta.

En la posición sentada, las nalgas y piernas deben estar acomodadas para que no surja ninguna rigidez grave o una rampa (aunque esto es muy habitual al principio). El pecho está un poco echado hacia fuera, asegurando que la región lumbar queda recta y no curvada (esto puede conseguirse poniendo los omóplatos hacia atrás y abajo suavemente). Los hombros también deberían bajarse y estar relajados. Las manos pueden estar con las palmas hacia abajo, sobre las rodillas, descansando relajadas sobre el regazo o en la posición *mudra* de meditación sobre el regazo. (La palabra sánscrita 'mudra' se traduce como 'señal' o 'símbolo'.) La cabeza se mantiene recta con el mentón ligeramente hacia dentro para que el cuello mantenga la línea recta de las vértebras.

Generalmente, la gente prefiere cerrar los ojos durante la meditación, ya que ayuda a concentrarse y mejorar las habilidades de visualización. El beneficio de la meditación con los ojos abiertos, sin embargo, es que ayuda a entrenarse para mantener una actitud meditativa en sus actividades diarias. Aumenta su conciencia de estar en contacto con el "aquí y ahora". Si mantiene los ojos abiertos, diríjalos abajo hacia un punto a dos metros, más o menos, por delante de usted, sin centrarse en nada en particular.

Después de algo de práctica descubrirá que asume automáticamente la postura de meditación correcta. Puede parecer que esta postura provoca rigidez, pero sencillamente estará ordenando su estructura esquelética de manera que los músculos puedan relajarse alrededor de los huesos y hay un flujo libre de energía. Igualmente, los ejercicios de concentración crean un entorno interior, en el que la mente puede relajarse finalmente. Fíjese en el equilibrio: tranquilo y relajado, pero alerta y consciente.

Izquierda: **La postura de medio loto ha sido escogida como postura de meditación porque es muy fortalecedora para la columna.**

Tocando la Tierra:

Las manos descansan sobre las rodillas mientras éstas están en el suelo. Significado: invoca a la Tierra como testigo de su vida en sabiduría.

Receptividad:

Está sentado con las piernas cruzadas y las palmas de la mano mirando hacia arriba. Significado: permanece abierto a todo lo que suceda.

Meditación:

Una mano descansa sobre la otra, con los dedos superpuestos. Significado: la calma y la tranquilidad contribuyen a la constancia de la mente.

Interconexión:

El pulgar y el índice se tocan. Significado: todo está relacionado y conectado entre sí; esto simboliza la unión de todas las cosas.

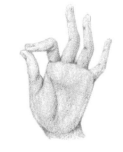

Rezo:

Las palmas y los dedos están alineados. Significado: está rindiendo homenaje a la enorme presencia de la vida, que va mucho más allá de su existencia personal.

Tocando los elementos:

Ésta es una postura reclinada con las manos hacia arriba. Significado: sentir a cada momento su conexión con los elementos, la tierra, el agua, el fuego y el aire.

POSTURAS PARA MEDITAR

POSTURAS TUMBADAS O RECLINADAS

Esta postura tradicional tiende a provocar sueño. Sin embargo, es una buena postura meditativa para adoptar en la cama cuando no se puede dormir a causa de una mente activa a pesar del cansancio físico.

Túmbese sobre el lado derecho del cuerpo (esto también favorece la digestión si tiene el estómago lleno) con la pierna izquierda sobre la derecha y la cabeza descansando sobre la palma derecha (doble el brazo y el codo sobre el suelo). Las piernas están completamente extendidas, y la de debajo mantiene contacto con el suelo.

Una opción alternativa es tener las rodillas dobladas y los talones hacia las nalgas.

Arriba: Aunque debe procurar no caer dormido, esta postura reclinada le aporta un sentimiento de contacto con la tierra.

También es una postura adecuada si siente dolor en alguna parte del cuerpo.

COMPAÑEROS DE MEDITACIÓN

Igual que con cualquier cosa que empieza, es bueno tener un grupo afín de gente con ideas similares con los que poder compartir ideas, experiencias, etc. Un grupo de meditación es una buena manera de obtener un entrenamiento de calidad y también tienen un papel de apoyo en su nueva aventura. Aparte del valioso contacto con diversos profesores e instructores, estos grupos generalmente también ofrecen bibliotecas de libros, casetes y vídeos con abundante información para que amplíe su búsqueda. Los profesores, normalmente, son expertos en su campo y suponen un enorme almacén de información gratuita. Dado que, a través de la introspección, han "trabajado sobre ellos mismos" durante mucho tiempo, a menudo son unos excelentes modelos para niños y adultos por igual.

Para obtener los mejores resultados, la mayoría de las escuelas de meditación estimulan un equilibrio entre meditación en solitario y en grupo. Una comunidad de meditadores puede actuar como reflejo de su propia experiencia personal, y esto, a menudo, enfatiza la importancia del aspecto comunitario, respecto a tener una interacción saludable y compartir experiencias comunes.

POSTURAS VERTICALES Y EN MOVIMIENTO

La técnica básica descrita en las páginas anteriores se centra principalmente en la meditación que se realiza en movimiento o en posición vertical, aunque también se aplica a la respiración, los cánticos mantra y las visualizaciones.

Para la meditación en movimiento, la parte superior del cuerpo se mantiene en la misma postura que en la meditación sentada, pero las manos se colocan en la posición de "puños protectores", con la mano izquierda cubriendo el puño derecho a la altura de la cintura. Mueva las piernas a una velocidad ni tan lenta como para ponerle en un estado de somnolencia o trance, ni tan rápida como para distraerle (véase también pág. 51).

Arriba (izquierda): Los *mudras* de meditación varían y dependen del individuo, pero esencialmente rinden tributo a lo sagrado de su práctica.

Arriba (derecha): Los principiantes se benefician enormemente de su participación en un grupo de meditación, especialmente si lo dirige un profesor con experiencia.

EN todas las actividades de la vida, desde las triviales a las importantes, el secreto de la eficacia reside en la habilidad para combinar dos estados aparentemente incompatibles; un estado de máxima actividad y un estado de máxima relajación.

Aldous Huxley

EN algunos estadios, experimentarás un momento plano, como si todo se hubiera detenido. Éste es un punto difícil en el viaje. Aprende que, una vez el proceso ha empezado, no se para; sólo parece que se detiene desde donde tú estás mirando.

Ram Dass

SÉ amable contigo mismo. Si tú no eres tu propio amigo incondicional, ¿quién lo será? Si actúas como adversario y también te opones a ti mismo, entonces ellos serán más que tú.

Dan Millman

Meditación para Principiantes

Cómo Relajarse

Ejercicio de estiramiento

Éste es un ejercicio intermediario que hace de puente entre las energías de un día normal, ajetreado, con las energías más tranquilas, más introspectivas de la meditación. Sirve para prepararse para la calma y la tranquilidad que vendrán después.

Túmbese sobre la espalda en el suelo de su área de meditación en una posición relajada –con las piernas y los brazos estirados de manera que esté cómodo–. Va a estirar todas las extremidades de su cuerpo de los pies a la cabeza. Mientras pone en tensión, y luego relaja, las distintas partes del cuerpo, imagine toda la tensión que ha estado acumulando durante el día y déjela ir al relajar los músculos.

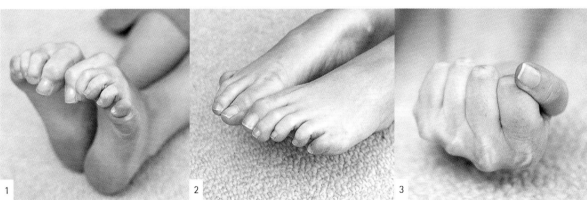

1   2   3

Empezando por los pies, mueva los dedos para localizarlos y sentirlos, luego apriételos (1) en cada pie. Aguante y luego relaje con una espiración. Dirija los dedos hacia fuera, sintiendo el estiramiento del arco y aguante; entonces flexiónelos sintiendo el estiramiento del tendón de Aquiles en la parte de atrás del tobillo. Relájese, mientras suelta aire.

Moviéndose hacia las pantorrillas, estire las piernas mediante los dedos (2), subiendo las rótulas y sintiendo cómo se tensan las pantorrillas. Aguante y relaje con una espiración. Tense los músculos de las piernas y aguante, antes de soltar. Continúe hacia las nalgas, apretándolas con fuerza, y relaje. Los siguientes son los músculos del estómago y los del pecho.

Mueva los brazos, estirándolos hacia abajo de los hombros, tan a lo largo de la moqueta o del suelo como pueda. Ténselos de manera que los codos se levanten un poco del suelo. Relaje. Apriete los puños (3) y luego suelte.

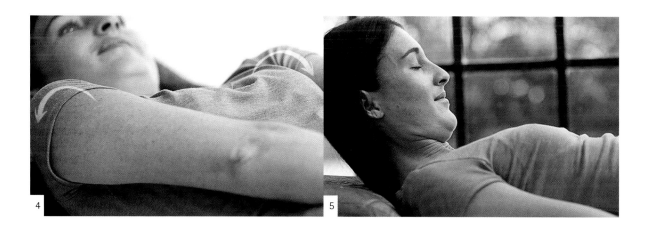

Haga rodar los hombros hacia atrás (4), junte los omóplatos y bájelos, empujando al mismo tiempo el esternón para abrir el pecho. Respire profundamente.

Apriete las mandíbulas y tense los músculos del cuello, y luego suelte. Levante suavemente la cabeza hacia delante para estirar la nuca (5), y luego déjela otra vez en el suelo.

Haga trabajar los músculos de la cara, apretando los ojos (6), estirando los labios como sonriendo; haga una mueca y relaje. Visualice cómo se estiran las orejas y la cabeza, luego suelte.

Imagine que toda la tensión fluye hacia fuera por la parte superior de la cabeza. En este punto, estará físicamente relajado y preparado para empezar la meditación.

UN APUNTE SOBRE RELAJACIÓN

No mezcle la relajación con la meditación. Esencialmente, se complementan, pero no puede meditar con éxito hasta que su cuerpo se relaje completamente, porque su atención se dirige a otras áreas de tensión. De la misma manera, la relajación más beneficiosa es la que se hace con plena conciencia. "Desconectar" no producirá los mismos efectos que abrir su conciencia mientras los músculos y el cuerpo liberan tensión. Esto sucede de por sí a través de la meditación, y de forma bastante natural y sin esfuerzo *toma conciencia* durante la relajación y se *relaja* durante la meditación.

TAL como se ha discutido antes, la relajación necesita quedar integrada habilidosamente en su vida para poder vivirla completamente y disfrutarla. Si usted mantiene una conciencia de cada momento presente, crea un equilibrio y un sentido de comodidad con su yo interior.

Como principiante es una buena idea empezar todos los ejercicios de relajación y meditación con la sesión de estiramiento reproducida en las páginas 38-39, simplemente para preparar su cuerpo y su mente para el período de tranquilidad que viene después.

Estos tres ejercicios de relajación son excelentes para eliminar toda huella de tensión en el cuerpo, la mente y el espíritu. Como con la meditación, debe llevar a cabo estos ejercicios lentamente y con cuidado; es un tiempo bien empleado y es saludable para su crecimiento interior. Las prácticas de la "Bruma entre los pinos" y la "Estrella brillante" pueden hacerse en un espacio tranquilo durante la hora de comer o en la oficina, a puerta cerrada, si necesita reactivarse en cualquier momento del día.

Cualquiera que sea la idea que la gente tenga sobre el pensamiento positivo y la visualización, los estudios demuestran que funciona incluso con personas que no están seguras de sus efectos. Siéntase con libertad para aumentar estas prácticas en casa, creando una atmósfera especial propia, con incienso, velas, aceites de aromaterapia, o incluso cristales para ayudarle a relajarse más profundamente y aumentar su percepción de sí mismo.

LÍQUIDO CHISPEANTE

Ésta no sólo es una excelente práctica para eliminar las tensiones de los músculos del cuerpo, sino que también es buena para prepararse para dormir; de hecho, a menudo es difícil mantenerse despierto durante el proceso. Lo mejor es tumbarse boca arriba y hacer un minuto o dos de respiración lenta y profunda. Empiece concentrándose en los dedos del pie, sintiéndolos físicamente, y luego relájelos por completo. Imagine los enzimas responsables de mantener la rigidez de los músculos disolviéndose por sus poros. Mentalmente suba desde los pies hacia los tobillos, pantorrillas, etc., por todo el cuerpo hasta la coronilla. Tómese su tiempo y muévase despacio y deliberadamente. Cuando haya llegado a la coronilla debería estar muy relajado. Ahora imagine un líquido claro, chispeante, que limpia su piel por encima y elimina todos los residuos químicos y la tensión, dejándole relajado y fresco.

La estrella brillante

Esta práctica de relajación es buena para el estrés que se genera a causa de la confusión interior o de una mente preocupada. De nuevo, cualquier posición cómoda resulta adecuada, especialmente la posición sentada. Una vez más, tómese un tiempo de tranquilidad con varias respiraciones profundas. Entonces, visualice una luz blanca, intensamente brillante, sólo un palmo por encima de su cabeza, como si fuera su propia estrellita. Deje que su cuerpo, su mente y su espíritu, todo aquello negativo y positivo de su cabeza, absorba la energía de esta luz y se quede en calma, como la luz misma. Esto debería dejarle relajado, positivo y calmado.

Arriba e izquierda: La visualización mental es un método muy efectivo para introducir al iniciado en los caminos de entrenamiento de la mente. Aprovechando la energía irresistible de la imaginación, la gente es capaz de transportarse a otros niveles de conciencia, apartándose del trabajo potencialmente agotador de su existencia diaria. A través de la naturaleza inspiradora y reforzadora de la imaginación, una persona puede estar motivada para producir cambios muy positivos en su vida, mediante la mente, la voluntad y la intención.

La bruma entre los pinos

Esta práctica es saludable para los efectos reductores de energía que producen las preocupaciones destructivas y las discusiones interiores del cuerpo. Relájese en una posición confortable. Después de un corto período de tranquilidad y unas cuantas respiraciones profundas, visualícese inspirando una bruma de luz difusa entre pinos (o vapor, si está en un ambiente frío) dentro de sus pulmones. Luego imagine que la bruma inunda el resto de su cuerpo, disolviendo toda la negatividad de su ser. Visualice la bruma limpiando y fortaleciendo toda la red de energía de su cuerpo, dejándole relajado y lleno de energía.

ATENCIÓN PLENA Y CONCIENCIA

HAY dos enfoques en la meditación: la atención plena y la conciencia. La meditación de atención plena tiene como uno de sus objetivos principales un estado de paz, tranquilidad y calma de la mente, que aprende a descansar en su estado inherente de claridad y al mismo tiempo estando claramente consciente del momento.

La intención de la meditación de conciencia es explorar y obtener una visión interior de la mente. Esta visión interior se consigue una vez se han obtenido la calma y la claridad; por tanto, sólo es posible después de la meditación de atención plena.

Cualquiera de los dos enfoques está siempre presente en cualquier tipo de meditación, tanto si se trata de la plegaria central de la fe cristiana como de la calmada meditación de respiración de alguien que quiere eliminar el estrés.

ATENCIÓN PLENA

Al entrenarse para estar agudamente consciente del momento presente, la meditación de atención plena le lleva a concentrarse de manera única en un "apoyo", que puede ser cualquier objeto precioso, desde una piedra, una estatua o un cristal, hasta un mantra o la respiración. Esencialmente, el papel del apoyo es ayudar a mantener su atención.

Antes de empezar a meditar, es bueno centrarse en la respiración. Respire tres veces profundamente (en lo que se denomina a menudo "las tres respiraciones para centrarse"), llenando primero la parte de abajo de los pulmones, luego el centro y finalmente la tercera parte superior, antes de soltar la respiración lentamente y con regularidad. Está realizando la respiración abdominal, llevando el aire desde la base de la caja torácica en lugar de desde la parte superior de los pulmones; notará que su diafragma se expande al inspirar.

Esta respiración ayuda a adoptar una postura cómoda, ya que usted está alineando su columna de manera natural; también le ayuda a centrar su atención e induce a un estado de calma, dado que se respira un poco más profundamente de lo normal.

INSTRUMENTO O APOYO EN LA MEDITACIÓN

Esencialmente, se intenta conseguir una mente clara, que esté vacía de pensamientos, aunque sólo los meditadores más experimentados consiguen al final que cesen por completo sus pensamientos. Una mente que ha creado un espacio interior y que, por tanto, ha alcanzado su propio estado inherente de claridad, es más poderosa.

APOYO

El uso de un apoyo sirve para recordarle que debe dominar la mente tan pronto como se dé cuenta de que ésta se desvía. No es posible cortar por completo todos los pensamientos, así que los principiantes deberán infundirse ánimos. El objetivo es ser capaces de alejarnos de los pensamientos; al no involucrarnos en ellos, se disolverán y desaparecerán. Sin embargo, los pensamientos obsesivos seguirán entrando en su espacio mental. El uso de un apoyo aquí es inestimable. Al cambiar su enfoque hacia él, su atención se desvía de los pensamientos compulsivos y es captada por el soporte.

INSTRUMENTO

Este tipo de meditación puede resultar más fácil para los principiantes porque se les da algo que "hacer": repetir un mantra, concentrarse en un objeto. Se usa el instrumento para evitar que la mente divague, obligándola a que se concentre en una única cosa: el paso de la respiración, las vibraciones de un mantra, o los contornos de un elemento apreciado. Sin embargo, es una forma de meditación tan poderosa como cualquier otra.

Arriba a la derecha: **Igual que el vapor que sale de una taza de té, o nuestro vaho en una mañana helada, la respiración sólo es visible con los contrastes de temperatura. Aunque pueda resultar engañosa, nuestra respiración es una herramienta potente en momentos de estrés, porque puede usarse eficazmente para calmar el sistema nervioso y aclarar el pensamiento.**

La importancia de la respiración

La respiración es nuestra fuerza de vida; nos mantiene vivos. Llevando oxígeno a nuestros pulmones y extendiéndolo desde allí a todas las células de nuestro cuerpo, nuestros sistemas y órganos se llenan y se revitalizan. No sólo nos sustenta físicamente; nuestros pensamientos, nuestras emociones, creencias y sistemas de energía sutil también se sostienen mediante la respiración. Gracias a este poderoso nexo de unión, el acto de respirar puede usarse como una influencia calmante sobre la ansiedad, el pánico o el miedo. Es muy importante que la gente se dé cuenta de que, en una situación de pánico, si reaccionan con una respiración profunda, lenta y controlada, calmarán su sistema nervioso, reducirán la velocidad del corazón y obtendrán un pensamiento más claro.

La respiración también tiene una relación directa con nuestro sentido de la vitalidad y puede aumentar o disminuir nuestras reservas de energía, dependiendo de si respiramos de manera poco profunda, superficial, o si respiramos plena y profundamente, de manera consistente.

La respiración, por tanto, tiene un papel crucial en la meditación: primero porque centra y relaja al meditador, infundiéndole así una sensación de tranquilidad a su práctica; luego, actuando como punto de enfoque sobre el cual la mente puede concentrarse en lugar de divagar; finalmente, consiguiendo la tranquilidad, al obligar a la mente del meditador a entrar en el estado alfa profundo. En la tradición budista, meditar sobre la respiración nos recuerda cómo el movimiento de la vida se refleja en el flujo constante de la respiración, reforzando para nosotros el hecho de que la única certeza que tenemos en esta vida es la no permanencia y el cambio, igual que el cambiante subir y bajar de la respiración.

Meditación de respiración

Como apoyo

Aquí, la respiración se usa para calmar en general y afinar la mente e invitar a la energía positiva dentro de su ser. En su papel de apoyo, la respiración actúa como único foco de atención para que la mente pueda acudir a él cada vez que usted note que sus pensamientos se han desviado.

Es mejor respirar a través de la nariz, ya que los finos pelos del interior purifican el aire, y lo calientan y humedecen para la garganta y los pulmones. Espire también a través de la nariz. Concéntrese en los agujeros de la nariz, particularmente en la sensación del aire saliendo y entrando, saliendo y entrando. Conviértase en observador, como si viera el paso del aire al entrar y salir de la nariz. Sienta la sensación de tranquilidad que produce dentro de usted.

Luego, dirija su atención sobre la respiración misma y siga su curso dentro del cuerpo y hacia fuera. Viaje con ella dentro de las profundidades, experimentando su ritmo suave y regular. Relájese con ese ritmo y sienta cómo la paz invade todo su cuerpo.

Si su mente se desvía demasiado rápido, pruebe a contar las respiraciones: cuente repetidamente hasta cuatro, o cuente secuencialmente. Un método Zen consiste en contar hasta diez y luego repetir. Recuerde que pueden pasar meses antes de que controle este proceso. No insista demasiado, ni se enfade si tiene dificultades. Sea paciente y comprensivo consigo mismo. La idea es que ese "desvío" se convierta en una invitación a renovar la concentración. Al final, descubrirá que puede tranquilizar su mente sin mucho esfuerzo.

Como instrumento

Este tipo de meditación le enseña a usar la respiración como parte de una técnica de visualización que estimula y rejuvenece su energía. Tiene un efecto positivo e inspirador sobre la mente y el cuerpo, y aumenta ligeramente la longevidad.

Sentado en la postura de meditación habitual, concéntrese primero en la inspiración que pasa a través de la nariz. Imagine la respiración como una luz blanca intensa o como una corriente vibrante con los colores del arco iris. Sienta cómo esta luz radiante entra dentro de su ser, limpiándolo por completo y rejuveneciendo su cuerpo y su mente. Visualice cómo toda la negatividad y la falta de energía salen con la espiración, dejándole limpio y tranquilo.

Abajo: **El violeta se asocia con la espiritualidad, y el añil con la intuición, y esto hace que la amatista sea un elemento útil para la meditación.**

CONSEJOS

Para dominar el flujo constante de pensamientos, intente ser consciente de:

– El primer pensamiento o imagen en el momento en que surja para poder llevar su mente otra vez a la respiración antes de que se distraiga con los otros pensamientos que se amontonan detrás.

– Las emociones cuando aparecen; sencillamente, sea consciente de ellas, dejándolas alzarse y descender como una ola. Si son poderosas y persisten, quizá deban ser eliminadas por separado.

Para alejarse de sus pensamientos, céntrese en lo siguiente:

– Recuerde que los pensamientos permanecen hasta que actúa sobre ellos.

– Visualice cómo pasan los pensamientos. Imagine que está al lado de un río. Eche sus pensamientos en las aguas que fluyen y observe cómo se van flotando. Sea consciente del espacio que hay entre que aparta un pensamiento y surge otro. Hay un dicho que dice: "La meditación empieza en el espacio entre los pensamientos."

MEDITACIÓN CON IMAGEN VISUAL

Como apoyo

Una piedra interesante, una pieza de madera con una bella forma o textura, un cuadro especial, una estatua de algún dios o una imagen de un maestro: todo esto puede resultar atractivo para su sentido de la vista. Aquí debe *prestar atención* a lo que ve, pero no debe *pensar* en ello o mantener una discusión interna en su mente. La facultad de "percepción" de su cerebro puede observar los detalles del objeto, pero no debe haber ningún compromiso mental ni actividad alguna. Es importante ir más allá de la naturaleza inquisitiva de la mente que continuamente busca la novedad o distracciones.

Vuelva a atraer la atención sobre el objeto cada vez que descubra que su mente se ha distraído con otros pensamientos.

Como instrumento

Aunque cualquiera de los objetos mencionados anteriormente servirían, en este ejemplo usaremos un cristal. Esta técnica hace uso de todos los sentidos posibles, especialmente la visualización. Coloque el cristal escogido en el suelo, a cierta distancia del sitio en el que esté sentado. Después de tranquilizarse, céntrese en su color, su claridad o turbiedad, su forma, sus caras, si es rugoso o está pulido. Piense en su peso, su tacto en la palma de la

mano, si es cálido o frío. Entonces, piense qué asociaciones puede hacer entre su color, por ejemplo, y colores similares de la Naturaleza; quizá su tono le recuerde a una flor o a los campos dorados de trigo o a una húmeda selva verde. Si es así, entonces piense en los olores que evoca. Sea consciente de las emociones que van unidas a estas asociaciones. Cuando esté preparado, permita que las visualizaciones se desvanezcan y vuelva lentamente al momento presente.

Derecha: Los cinco elementos existen en la mayoría de tradiciones orientales, aunque sus características específicas tienden a ser distintas. La sabiduría hindú habla de la tierra, el agua, el fuego, el aire y el éter, mientras que la tradición china sustituye los dos últimos elementos por el metal y la madera. Sin embargo, en cada caso todos los elementos tienen relación con el color, las emociones y los cinco sentidos. En la meditación, la presencia de uno o más de los cinco elementos sirve para reforzar nuestra unidad con la Naturaleza y el universo.

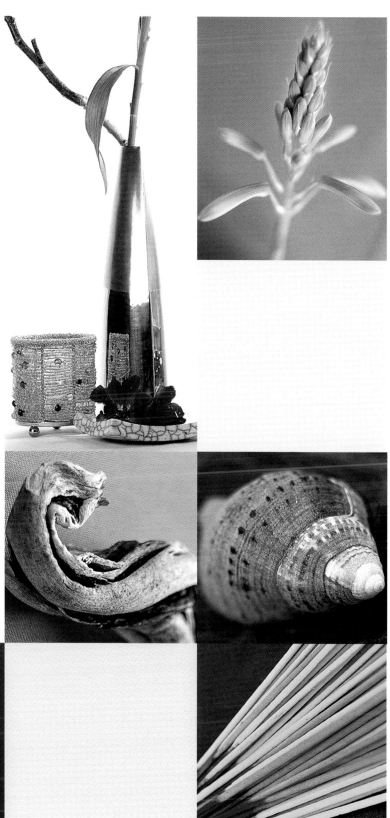

MANDALAS

ALGUNOS objetos usados en meditación contienen un significado más profundo o un sentido que puede aumentar el beneficio de la meditación. Por ejemplo, las estatuas o imágenes de deidades no son sólo objetos de devoción sino que también contienen un simbolismo en las posturas y gestos. Permitir que este simbolismo forme parte de su subconsciente, puede ayudarle a absorber su significado.

Igualmente, los dibujos intrincados de los mandalas y la geometría sagrada de los yantras simbolizan el mundo como algo cíclico y ordenado por naturaleza.

El mandala (los más conocidos son los de las culturas hindú y budista) está formado por varios dibujos intrincados, generalmente de forma circular, que representan la totalidad y la unidad: la to-

Izquierda: **Como parte de una ceremonia tradicional, los budistas tibetanos se arrodillan durante varias semanas para crear, con meticulosidad, un mandala de arena gigante. Lo hacen usando sus bocas, para formar los dibujos intrincados y coloristas con la ayuda de cañas. Hay una concentración completa en este trabajo porque la alegría reside en la propia creación. El proceso requiere una independencia completa. Sin embargo, cuando se ha terminado, lo destruyen con una escoba. La lección: la no permanencia de la vida.**

talidad del yo, la unidad de la vida y la identidad de todas las cosas del universo. El mandala es un ejemplo esquemáticamente simbólico de una mente en su estado absoluto, perfeccionado: la mente iluminada. Al concentrarse en un mandala, usted estimula la fuente de la energía universal de su interior, lo cual da lugar a la curación de la mente y del cuerpo. También representa el flujo de los ciclos vitales, de modo que, al contemplar un mandala, se obtiene un sentido de aceptación y comprensión del punto del ciclo vital particular en el que nos encontramos.

Meditar sobre un yantra (una de las muchas figuras geométricas sagradas, la más común de las cuales representa triángulos cruzados) tiene un beneficio más inmediato, ya que no tiene una configuración tan complicada como la del mandala. La imagen debe ser observada sin distraerse con las distintas formas –la inclinación natural automática es intentar analizarlas–. La mente debe, simplemente, absorber la imagen como un todo. La intuición tiene su forma de descodificar este "mapa espiritual". En muchas tradiciones orientales, se cree que todos nacemos siendo seres iluminados, pero las circunstancias sociales oscurecen esta sabiduría interior y, al final, ignoramos o bloqueamos nuestras habilidades intuitivas; nuestro camino en la vida es llevar este estado inherente de iluminación a la parte frontal de nuestra mente consciente.

MEDITACIÓN CON SONIDO

Como apoyo

La utilización del sonido en la meditación, particularmente de música inspiradora, sirve como un excelente fondo para visualizaciones. También evoca una atmósfera antes de empezar la meditación; la música crea un espacio mágico dentro del cual los meditadores encuentran más fácil trabajar. La música clásica es inspiradora y hay una gran cantidad de discos compactos con música New Age para meditación. Muchos se centran en instrumentos musicales que tienen una cierta claridad y pureza de sonido. También pueden incorporar sonidos de la Naturaleza, como el agua, la lluvia, el viento, una tormenta de truenos, etc. La intención, esencialmente, no es escuchar, sino simplemente oír.

Como instrumento

En este tipo de meditación, usted reconoce y acepta los sonidos al tiempo que su atención los capta. Oiga cada sonido, pero no los escuche conscientemente ni espere el siguiente, y no les dé ninguna importancia específica a ninguno de los sonidos. El sonido también sirve como un recordatorio útil para atraer la mente otra vez, como apoyo cada vez que ésta se desvíe. Lo que es importante es la meditación; el sonido es, simplemente, el objeto de apoyo. Si sobrepasa eso, se convierte en una distracción.

Esta página: **Centrarse en un sonido durante la meditación ayuda a la concentración del principiante y evita que la mente se desvíe.**

Hay una historia sobre un monje que sobrevivió, sin ningún efecto negativo, al infame método de tortura que consiste en un goteo constante de agua. Cuando se le preguntó más tarde cómo había podido soportar aquella penosa prueba, respondió que, para él, cada gota no era ni la primera ni la última, ni una entre una serie de gotas, sino que cada gota era una única gota. Como su mente estaba concentrada en el presente, esa gota era la única gota que existía para él en cada momento concreto; con la si-

guiente gota pasaba lo mismo. De la misma manera, usted debe intentar percibir los sonidos cuando tienen lugar. Nada que preceda o siga a ese sonido existe en ese preciso momento.

COMPRENSIÓN DEL MANTRA

Los físicos se quedaron perplejos, hace unos 90 años, al descubrir que el mundo material, en lugar de estar compuesto de "bloques constructivos" de materia física, en realidad estaba formado por un baile de energía, resultado de millones de partículas atómicas oscilantes, unidas por una vibración creativa subyacente. Esta vibración mantiene un patrón de interrelaciones entre estas energías, y así forma la materia. Este "nuevo" conocimiento

Debajo: **Invocaciones (a menudo Om Mani Padme Hum; véase Sanskrit, centro) que en las banderas budistas se dirigen a Dios con cada movimiento.**

científico ya era conocido en todos los sistemas de sabiduría antiguos, tanto en Occidente como en Oriente, donde se referían a esta energía primaria a partir de la cual se forma todo, con nombres como "la corriente vital audible" y la "voz del silencio". Quizá el término más conocido sea la palabra sánscrita "Om".

En las tradiciones antiguas, los sonidos se usaban para curar a la gente física, energética o espiritualmente. Dado que estos sonidos vibraban con una energía superior, sonaban dentro de la conciencia de una persona y se alineaban con su yo superior espiritual, cambiando literalmente su conciencia (de aquí, "sonidos sagrados").

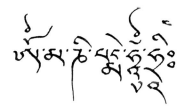

USAR UN MANTRA

Un mantra es un sonido sagrado y puede usarlo para infundirse un atributo desde

este océano de energía subyacente que está detrás de toda la materia física y sutil. Usado como un sonido, palabra, frase u oración, el mantra se respira suavemente, se susurra, se canta, se recita o, simplemente, se pronuncia. Es una herramienta de meditación básica y se usa en casi todos los caminos que practican la meditación. La repetición del "Ave María" en la tradición católica tiene tanto de mantra como el "Om" de los budistas tibetanos.

La ventaja de usar un mantra es que el sonido mantiene su concentración más fácilmente que cualquier otro foco. Se considera que la voz humana es el instrumento más potente para trasladar energía sagrada; un mantra es, por tanto, un instrumento poderoso para acelerar su crecimiento.

Además del efecto psicológico de repetir una y otra vez una palabra que contiene un significado específico (acabaría afectándole repetir la palabra "Paz" unos cientos de veces), repetir un mantra le

calma y le equilibra, le lleva más allá del parloteo de la mente, le proporciona claridad mental y le sumerge en la cualidad inherente en el significado de las palabras. Debido a que el sonido de la voz resuena en todo su interior, con el tiempo usted empieza a absorber y a expresar la cualidad del mantra.

Se usan más comúnmente los mantras en lenguas antiguas, porque se dice que en el pasado la gente estaba más cerca de "la Fuente" y, por tanto, estas lenguas tienen más poder espiritual. Quizá sea más importante la sinceridad, el deseo y la intención que hay detrás de las palabras y la claridad con la que las repita. Algunas tradiciones meditativas pronuncian el mantra sólo 101 o 109 veces, usando cuentas para calcular el número de veces que se han dicho las palabras, y luego continúan con una meditación silenciosa que descansa en la resonancia de las palabras. Otras escuelas repiten el mantra durante toda la meditación.

Al escoger un mantra, es útil seleccionar una palabra que contenga una cualidad que a usted le gustaría desarrollar. Por ejemplo, si sintiera una falta de creatividad, valor, paz, paciencia, compasión, podría preceder la palabra escogida por "Yo soy..." o "Yo soy el/la Divino/a"; entonces, contendría el poder de esa cualidad. Uno de los mantras más conocidos, *Om Mani Padme Hum* ("la joya del corazón de loto"), tiene el efecto de aumentar su compasión, de protegerle y de alinearle con su ser espiritual interior.

La sílaba OM, que es el Brahman imperecedero, es el universo. Todo lo que haya existido, lo que exista, lo que existirá de ahora en adelante, es OM. Y todo aquello que trascienda el pasado, el presente y el futuro, eso también es OM.

Mandukya Upanishad

A través del sonido de la palabra OM ('AUM') y a través del reflejo de su significado, se encuentra el camino. A partir de esto llega la realización del Yo Interior y la eliminación de todos los obstáculos.

Sutra para yoga de Patanjali

TERMINACIÓN DE LA MEDITACIÓN

Una sesión meditativa también puede cerrarse con "Om". Su propiedad reside en la creencia de que es el "sonido del que se originan todos los sonidos": esa cualidad de "sonido blanco" que subyace en el silencio de la Naturaleza igual que el rumor de la brisa o el imperceptible susurro de la hierba. Cuando usted repite el sonido "Om", la vibración que despierta en su cuerpo le permite sintonizar con las vibraciones de su entorno, y le ayuda a sentir la conexión con todas las cosas vivas del universo. Inspire por la nariz y, con una espiración larga, vocalice el sonido "Om" lentamente, alargando la espiración tanto como le sea posible.

Arriba: **El mantra Om usado por los budistas tiene tres sonidos distintos (a–u–m); de ahí que se transcriba "aum".**

MEDITACIÓN ANDANDO

Esta meditación se centra en el sentido del tacto y la concentración se dirige a las plantas de los pies y a la sensación de su contacto con el suelo.

Hacerlo descalzo le permite sentir las texturas que hay debajo de sus pies, aunque también puede ser aceptable hacerlo con calcetines sobre el suelo o sobre la moqueta.

Mantenga la cabeza recta, los ojos mirando un poco hacia abajo. Coloque las manos juntas a la altura de la cintura, una sobre el abdomen y la otra encima de la anterior, para poder permanecer centrado en sus pies. Concéntrese en la sensación del pie al tocar el suelo: el contacto, luego la presión provocada por el cambio del peso del cuerpo, y finalmente la relajación al aligerarse la presión. Piense también en la textura que siente bajo los pies, en la calidez o el frío (si está en el exterior o descalzo en casa). Mantenga un paso muy, muy lento.

También puede sincronizar la respiración con el paso; por ejemplo, inspire durante tres pasos y espire durante los tres siguientes. También podría hacer más pasos en la inspiración y menos en la espiración, o al revés.

Puede escoger andar arriba y abajo del mismo trozo de suelo, o andar en círculo (generalmente en el sentido de las agujas del reloj, siguiendo el ciclo del universo) o pasear por un camino. Las personas inquietas que trabajen en una oficina, que necesiten calmarse antes de una reunión tensa o después de un altercado acalorado, pueden hacer este tipo de meditación durante la hora de la comida.

La meditación andando puede incorporarse fácilmente a sus actividades diarias; por ejemplo, mientras anda hasta el coche, o incluso alrededor de la casa.

También es una buena manera de interrumpir las sesiones prácticas sentadas para revitalizarse y volver a concentrar la mente y el cuerpo (solo es necesario un momento).

Abajo: **La meditación andando tiene que ver con ser consciente de las sensaciones debajo de sus pies, pero aumenta si se crea una atmósfera propia.**

MEDITACIÓN DE CONCIENCIA

En este tipo de meditación no es necesario concentrarse en nada, sino descansar la mente en la simple conciencia de sí mismo, en un esfuerzo final de aprender a entender el estado natural de su mente. La concentración le enseña a estar plenamente consciente de la presencia del momento; la conciencia abre y expande la cualidad de ese sentido del conocimiento. En realidad, por supuesto, los pensamientos aparecen y le distraen. Inicialmente, concéntrese en aceptar esas distracciones cuando aparezcan, pero intente no involucrarse en ninguna de ellas. El esfuerzo reside en la experiencia de estar en el momento presente con todos los sentidos despiertos pero sin pensar en esa experiencia. Este tipo de meditación es mucho más difícil y, generalmente, es mucho más fácil acercarse a ella después de haber practicado la meditación concentrada.

UN EJERCICIO DE CONCIENCIA

Este particular ejercicio de meditación es, técnicamente, una mezcla entre atención plena y conciencia (o visión interior), pero el objetivo final es descansar en una conciencia clara, reposada. Es un poco más difícil: es una de las meditaciones más avanzadas y poderosas, ya que conduce muy rápidamente y de manera directa a la verdadera naturaleza de la mente. Si tuviera la oportunidad de practicar este tipo de meditación solamente media hora al día durante unos años, los beneficios serían formidables. También es posible hacer este tipo de meditación en la oficina, en el escritorio durante las horas de trabajo, si necesita alejarse del bullicio de un día estresante.

Sentándose confortablemente, empiece a concentrar su atención sobre la respiración, pero sólo sobre la espiración. Esta atención concentrada le trae constantemente de nuevo al momento presente. Sea consciente de cómo sale el aire, y entonces deje que esa percepción se vaya desvaneciendo de modo que haya un espacio de tiempo en su concentración cuando inspire. Aunque este espacio en su funcionamiento mental parezca no ser importante, constituye en realidad el estado real de la mente y esto es lo que se intenta fomentar con la meditación. Es este estado "vacío" de la mente lo que todos los meditadores expertos aprenden a descubrir. Cuando se cultiva, conduce a una vida más plena y más armoniosa.

Izquierda: **Llegará a un punto en el que podrá enfocar su atención hacia dentro tranquilamente en su escritorio y sentirse renovado.**

Entrar en contacto con la tierra

Siempre es bueno acabar cualquier sesión de meditación con una rutina de contacto con la Tierra para reforzar la unión mental y espiritual con el cuerpo físico, y para restablecer su conexión con la Tierra.

La energía de la tierra

Visualice en el ojo de su mente cómo percibe usted la energía de la Tierra –puede ser con lava ardiente, con barro burbujeante, con cristal fundido o con un profundo fulgor rojo (reflejando el color del chacra raíz que es su conexión con la Tierra).

Luego imagine que penetra en la Tierra, a través de capas y capas de suelo, roca, agua, minerales. Cuanto más baje, más maleables son las capas y más alta la temperatura. Imagine que está acercándose a un ardiente centro de turbulenta lava fundida. Entonces, atraiga toda esta energía terrestre a cada fibra de su cuerpo, absorbiéndola por los poros.

Al final, vuelva lentamente a la superficie de la Tierra, sintiendo la identidad con ella y una sensación de estar sólidamente sobre la tierra y equilibrado.

Obstáculos y trampas

Los problemas que surgen durante la meditación son llamados, a menudo, "obstáculos". Suponen bloqueos para su progreso y son especialmente perceptibles cuando ha estado particularmente ocupado o está demasiado cansado y tiene dificultades para evitar las distracciones o incluso para sentarse a meditar.

La naturaleza cíclica de la meditación

Sea consciente de que, en ocasiones, sus sesiones de meditación serán una experiencia maravillosa y que, en otras ocasiones, sentirá que progresa poco o nada, ¡e incluso que va hacia atrás! Cada meditación es distinta porque a usted le afecta el complejo ciclo de energías interiores y las del mundo exterior; por ejemplo,

los cambios de estación o de tiempo, sus biorritmos personales, incluso su humor, afectarán su experiencia meditativa. Debido a esto, habrá veces en las que tenga que esforzarse por mantener o crear una conexión interna durante la meditación. Relájese y no se obligue o haga esfuerzos excesivos. No se juzgue a sí mismo. Es completamente correcto abandonar la meditación por un momento. Quizá cuando vuelva a intentarlo, consiga una conexión más profunda.

¡Ánimo! Tenga por seguro que en algún estadio de la meditación alcanzará un punto en el que toda meditación valdrá la pena, a pesar de lo que le suceda en su vida diaria, y las sesiones buenas serán aún mejores.

Control

Algunos de nosotros somos "adictos al control" y tenemos miedo de dejarnos ir y entregarnos por completo a la experiencia. Retrenándose impide su apertura, su crecimiento y su cambio. No puede equivocarse al rendirse a su propio yo superior, porque es el verdadero centro de su ser.

La mente racional

Una mente analítica y juzgadora es el mayor obstáculo para una meditación sostenida y profunda, porque separa el mundo físico del espiritual. La racionalidad y el juicio minucioso se aplican a su experiencia meditativa y hacen que pierda la concentración. Haga que su mente no se involucre, evite cualquier expectativa y simplemente confíe en el proceso.

Negar las emociones

Algunas personas piensan que al meditar no tendrán que tratar con su bagaje emocional. Pero para ser completo, usted necesita respetar sus emociones y sólo puede manejarlas o limpiarlas, involucrándose con ellas (véase "Limpiar las emociones", página 66).

Los sentimientos de su yo real –amor, paz, serenidad– sólo pueden surgir una vez que se han eliminado los bloqueos emocionales. Cuanto más se involucre en sus sentimientos y aclare los patrones negativos, más profunda y compensadora será su meditación.

TÚ *tienes una existencia física para aprender y comprender que tu energía, traducida en sentimientos, pensamientos y emociones, es la causa de todas las experiencias. No hay excepciones.*

Seth

¡ÁMALO *tal como es! Tu forma de ver el mundo depende completamente de tu propia vibración. Cuando tu vibración cambie, el mundo entero se verá distinto. Es como esos días en los que todo el mundo parece sonreírte porque tú te sientes feliz.*

Thadeus Golas

LA PERCEPCIÓN *es un espejo, no un hecho. Y lo que veo es mi estado mental, reflejado en el exterior.*

A Course in Miracles

DARSE PODER A UNO MISMO

SOMOS ENERGÍA

LA MEDITACIÓN *nos enseña a intervenir en unas poderosas energías mentales y espirituales, y nos ayuda a comprender que somos seres energéticos, vibracionales, no sólo materia sólida, como es la percepción generalizada.*

La ciencia ha demostrado que la masa física corporal consiste entre el 75 por 100 y el 80 por 100 de agua, en la cual hay átomos separados unidos por fuerzas electromagnéticas. La estructura de unión de esta agua puede quedar afectada por la transmisión de energía por el cuerpo, motivo por el cual tenemos habilidades tan poderosas para poner en marcha nuestro propio potencial curativo. De hecho, somos de un 80 por 100 a un 90 por 100 seres vibracionales. Lo que percibimos como materia, por tanto (incluyendo el mundo natural que nos rodea: animales, árboles, plantas, objetos inanimados de la Naturaleza), es, en realidad, energía –o luz– que vibra a diferentes frecuencias. Estas frecuencias resuenan con incontables vibraciones que emanan de nuestro entorno, que está vivo y respira.

El cuerpo humano está rodeado por un escudo energético, llamado aura, que consta de una serie de campos de energía –conocidos en metafísica como los cuerpos sutiles–. Sirven para alinear el alma –o espíritu– con el mundo físico. La capa de energía más cercana al cuerpo físico es conocida como aura física o doble etéreo.

Este sistema de energía humana es extremadamente complejo e intrincado, con campos de energía sutil que interactúan y se cruzan, vibrando en sus propias frecuencias, que, aunque invisibles al ojo humano, van desde las sustancias más delicadas a las más densas. Las más cercanas al cuerpo físico son las más densas. Entre todas estas capas de energías sutiles están los chacras. A pesar de que "chacra" es una palabra sánscrita que significa 'círculo' o 'rueda', también es común entre las culturas nativas americanas y en el cabalismo hebreo. Los chacras son, en realidad, vértices de energía que irradian y, a la vez, atraen la energía universal, sin los cuales no seríamos capaces de tener un cuerpo físico o de funcionar en un mundo físico. Otra forma de describirlos es como transformadores de energía de una dimensión a otra.

Aunque cada uno de nuestros campos de energía sutil contiene su propio nivel de chacras, tradicionalmente trabajamos con los del cuerpo etéreo, que es el anteproyecto energético del vehículo físico de cada individuo en las esferas sutiles. Los chacras principales están más o menos en línea delante de la columna. Los chacras crean el aura y determinan la condición de los pensamientos y sentimientos, y el grado en el que funcionan los órganos. Cualquier desequilibrio distorsiona el campo de energía del aura. Los bloqueos o interferencias en el funcionamiento completo de un chacra quedarán reflejados en el aura como un pedazo denso de energía atrapada o como un color impuro.

Los siete chacras principales están delante de la columna (ver ilustración) y son con los que trabajamos habitualmente, pero hay muchos otros chacras menores en el cuerpo y otros nuevos que se abren a medida que nuestra conciencia evoluciona. Cada chacra principal tiene un color predominante, pero cuando funciona al máximo de su capacidad puede irradiar una combinación de colores. Por tanto, es mejor trabajar con el color tradicionalmente aceptado para ese chacra.

El funcionamiento de cualquier chacra depende de las percepciones y creencias que usted tenga de sí mismo y de su relación con los demás y con el mundo. Por ejemplo, si no tiene autoestima y cree que no es valioso o tan competente como los demás, esto se reflejará como un bloqueo en su chacra del plexo solar. La función de este chacra es transformar

Chacras	Color	Posición	Órganos o glándulas relacionadas	Funciones emocionales
Raíz	Rojo	Delante del cóccix	Suprarrenales, riñones, colon, recto	Seguridad, supervivencia, instinto básico
Centro sacral	Naranja	Sobre el hueso púbico	Sistemas reproductores	Respuesta sexual/emocional, sentimientos de placer
Plexo solar	Amarillo	Diafragma	Páncreas, intestinos, hígado, bazo	Poder personal, autoestima, control mental/emocional
Corazón	Verde	Sobre el esternón entre los pechos	Corazón, pulmones, sistema circulatorio, glándula del timo	Amor, perdón, curación, compasión
Garganta	Azul	Base de la garganta	Glándulas tiroides y paratiroides, garganta, boca	Comunicación, expresión, discernimiento
Ceja	Índigo	Entre las cejas	Glándula pituitaria, cerebro (parcial), ojos, oído	Intuición, visión interior, habilidades psíquicas
Coronilla	Violeta	En la parte superior de la cabeza	Glándula pineal, cerebro	Entrada a una conciencia superior, espiritualidad

la energía universal en una sensación de poder e interacción con las otras personas y con el mundo exterior. Si usted cree que es un todo, un ser humano completo, y vive confiando en un mundo inteligente y compasivo, con sentido, y todas las áreas de su vida funcionan en equilibrio con todo su potencial, entonces sus chacras estarán, en su mayoría, operando a su máxima capacidad.

El valor de trabajar con su sistema de chacras es que puede gestionar niveles personales de salud mental, física, psicológica y espiritual. Puede activar sus chacras trabajando sobre ellos durante la meditación, y cualquier tema que esté provocando un bloqueo de energía empezará a salir a la superficie desde su mente subconsciente y, si se compromete a curarlos, tendrá la oportunidad de manejarlos. Cuando sus chacras están abiertos y funcionando plenamente, le proporcionan una maravillosa sensación de totalidad y de poder, además de un fuerte impulso de energía.

El papel de los chacras

A pesar de que trabajar con los chacras no es una parte aceptada por la medicina tradicional, la ciencia moderna y la tecnología están probando que, en el cuerpo humano, las pulsaciones electromagnéticas en cada uno de los puntos que corresponden a los siete chacras son más fuertes que en otras áreas del cuerpo.

Los chacras gobiernan el sistema central nervioso y las siete glándulas endocrinas responsables de segregar hormonas en la sangre. Trabajando junto con los chacras hay un sistema de catorce canales de energía conocidos como meridianos. Éstos unen los cursos nerviosos del sistema autónomo nervioso (responsable de las funciones involuntarias del cuerpo) y cada meridiano, a su vez, gobierna e influye en un órgano o sistema corporal. Situados a lo largo de los meridianos están los puntos reflejos que se usan en acupuntura.

El poder del pensamiento –y el papel de las frecuencias de energía positiva capaces de restaurar los desequilibrios vibracionales– ya se ha comentado antes, y es aquí donde los beneficios de la meditación y del control de la mente pueden tener mayor

influencia.

Centrándose en las energías eléctricas cargadas que hay entre los átomos de las células corporales, se puede físicamente influir en las capas de células transmitiendo vibraciones de pensamiento positivo a un área específica del cuerpo. Puede hacerse lo mismo

Propiedades de los colores

- **Rojo:** energético, estimulante, activador
- **Naranja:** revitalizante, de una manera cálida y suave; bueno para la energía y la vitalidad
- **Amarillo:** purificador, da calor y aviva la actividad mental
- **Verde:** equilibra, armoniza, regenera
- **Azul:** refrescante, calmante, suavizante y relajante
- **Violeta:** estimula la creatividad mental y la inspiración

Arriba: Esta estela de luz en un parque de atracciones recuerda el vértice espiral que se atribuye a los siete chacras corporales.

Uso del color y los cristales en la meditación y la curación

Como se ha discutido, para tener una buena salud física, mental y emocional, el cuerpo, sus sistemas y sus órganos necesitan estar en armonía. Una enfermedad o cualquier disonancia en cualquier parte del cuerpo trastorna el ritmo vibracional, ya que cada parte influye y afecta a otras partes, y cada una depende de las otras y de la totalidad. El color, que es una propiedad de la luz y, por tanto, tiene propiedades vibracionales, tiene un papel importante tanto en la meditación como en la curación de las energías sutiles y físicas. Debido a que los pensamientos también son energías eléctricas, las afirmaciones e intenciones positivas pueden provocar cambios en el campo eléctrico del aura, transmitido desde el nivel mental al cuerpo sutil etéreo y finalmente al cuerpo físico.

Color

Científicamente, la luz se compone de siete colores principales, de los cuales tres son los colores primarios: rojo, amarillo y azul (que no pueden crearse a partir de otros colores). Las combinaciones de los colores primarios forman el equilibrio entre los siete colores principales.

El color generalmente vibra en el mismo grado que la luz, aunque cada color del espectro es el producto de una longitud de onda y de una frecuencia de vibración ligeramente distintas. Así, cada uno tiene sus propias características y puede afectar a las energías humanas. Aquellos que tienen mayor frecuencia de vibraciones estimularán las frecuencias más altas del cerebro; aquellos que tienen una frecuencia menor pueden influir sobre el cuerpo físico y sus sistemas. Estas frecuencias de color diferentes se usan para curar, equilibrar y estimular niveles de conciencia más profundos.

En el campo de la curación de la energía, el color puede aplicarse en cualquiera de sus formas: encerrado en un cristal o en una gema, destilado en esencia de flores, usado como luces de colores o mediante un proyector con filtros de color.

Observe cómo cada chacra –como vértice de una energía electromagnética– gira a su propia frecuencia para producir su color individual.

Por esto, en meditación hay una práctica popular que consiste en usar la visualización de un color o cristal, en la cual se respira el color correspondiente dentro del propio chacra o se atrae dentro de uno mismo una luz brillante del cielo y de la tierra.

Cristales

Los cristales y las piedras preciosas pueden ser calmantes y hacernos conectar con la tierra (por ejemplo, en meditación) o pueden estimular la curación del cuerpo físico con su habilidad para vibrar y resonar. Absorben, almacenan y transmiten energía. Cuando una enfermedad corporal crea patrones moleculares inestables, se puede usar un cristal de cuarzo claro para dirigir y centrar la luz y la energía (de forma muy parecida a lo que hace un rayo láser) sobre el área que se ha de curar, aportándole armonía y equilibrio.

Un ejemplo de dos cristales adecuados para usar en meditación son el lapislázuli y la amatista. El azul profundo del primero tiene relación con los chacras de la garganta y de la ceja, e influye sobre la comunicación, la expresión y la creatividad. En meditación, abre niveles más profundos de conciencia. En un nivel físico, es saludable para dolores de cabeza y migrañas.

El violeta de la amatista corresponde con el chacra de la coronilla y estimula la intuición, despierta la espiritualidad y aumenta las frecuencias de las energías. En un nivel físico, la amatista también es saludable para los dolores de cabeza y el insomnio.

Una Selección de Tipos de Meditación

Meditación de conexión con la tierra

EL ÁRBOL

Este tipo de meditación puede hacerse como visualización, pero es aún más efectiva si la hace apoyándose físicamente en un árbol. Recuerde que las plantas y los árboles tienen su propio campo de energía y que habrá una transferencia de energía entre los dos.

Si está sentado en su lugar de meditación (en lugar de en el exterior), imagine que está sentado con la espalda apoyada en un árbol. Lentamente fusiónese con su corteza y conviértase en él. Visualice sus (las del árbol, que son ahora suyas) raíces penetrando profundamente en la tierra y alimentándose; luego, observe las ramas extendiéndose en el cielo hacia el calor del sol. Sienta la solidez del tronco como si fuera el centro de su cuerpo. Toque el suelo con las manos e imagine que está sintiendo el calor de la tierra y su conexión con ella.

Las meditaciones siguientes pueden aplicarse a muchas áreas de su vida. Si las practica regularmente, pueden ejercer cambios en sus perspectivas, actitudes y niveles de energía y creatividad para una existencia mejorada. Empiece con una meditación de conexión con la Tierra para alinear sus energías con las energías de la tierra y adéntrese en un espacio calmado.

Arriba: **El uso de la visualización en meditación es una herramienta mágica subestimada que trabaja basándose en la fantasía para abrir una puerta en la "realidad", una realidad que existe en los niveles más profundos de su conciencia. La visualización amplifica aquello a lo que se quiere acceder y puede llevarle a estados superiores de conciencia.**

Creación de un espacio seguro propio

Si está aprendiendo a meditar por primera vez, un ejercicio interesante es crear un lugar sagrado, especial en su mente, en el cual pueda refugiarse en cualquier momento. Lo importante es que permanezca constante, que actúe como refugio protector y evoque emociones positivas cuando usted se dirija a él mentalmente. Este lugar especial se usa para curar, calmar, hacer trabajo interior y repetir afirmaciones positivas.

Su lugar especial puede ser cualquier cosa que su corazón desee y debe proporcionar sensaciones placenteras de felicidad y satisfacción: una cueva mágica, un jardín perfumado con esencia de flores, un templo en la cima de una montaña, una playa primitiva de fina arena, o incluso una burbuja en el espacio exterior. Coloque en ese lugar cosas que le emocionen por su belleza; por ejemplo, un cristal hermoso, una cascada espumosa, un pez saltando en un lago o un animal bello.

Cierre los ojos y respire profundamente para tranquilizarse. Imagine que está en ese lugar sagrado, con todos los sentidos elevados. Paséese, oliendo, tocando, saboreando y sintiéndolo todo a su alrededor. Haga que tenga vida y sea real. Es un lugar en el que puede sentirse completamente seguro. Puede refugiarse en este sitio secreto a cualquier hora del día, cuando necesite apartarse brevemente de su actividad diaria. No supone mucho tiempo ni esfuerzo, pero sus efectos calmantes son inmensos.

Derecha: El lugar especial al que las personas acuden en su mente será distinto para todos. Es un lugar en el que se sienten completamente protegidos y seguros.

MEDITACIÓN SOBRE LOS CHACRAS

Sentado en el lugar de meditación, primero tranquilícese con unas cuantas respiraciones profundas y lentas, y luego cierre los ojos. Ponga su atención en su chacra raíz, sienta cómo se conecta con la tierra e imagine que la energía se transmite de la tierra hacia arriba a la base de su cuerpo. Céntrese en el área del cóccix y, al inspirar, llene el chacra situado allí con una luz rojo profundo. Visualícela como si fuera un esfera reluciente y concéntrese en su tamaño, forma y cualidad.

Al espirar, deje que el color se haga más profundo y brillante, y cuando sea luminoso y constante, en una inhalación, imagine un hilo de luz blanca subiendo por la columna para conectar con el chacra umbilical.

Espire, luego inspire e invada esta área con un naranja profundo, y vuelva a fijarse en las cualidades de la esfera. Cuando el chacra del ombligo sea luminoso y constante, haga subir el hilo de luz blanca por la columna hasta el plexo solar. Inspire luz amarilla en este chacra. Después de cada chacra, haga una pausa, observe que las demás esferas de colores estén brillando con la misma intensidad y conectadas por el hilo de luz de plata. Avance lenta y regularmente hacia arriba por la columna al chacra verde del corazón, luego al chacra azul de la garganta, al tercer ojo índigo y, finalmente, al chacra violeta de la coronilla. Cuando llegue aquí, haga otra pausa y observe la intensidad luminosa de cada chacra y de la cuerda que los une.

Luego, imagine una luz clara y protectora que emerge de la coronilla y que reluce alrededor del cuerpo y de los chacras, fluyendo hacia el suelo. Observe cómo todo su cuerpo está contenido dentro de esta luz protectora. Por último, la luz se desvanecerá y usted volverá a ser consciente de su cuerpo físico.

Un buen gesto de conexión con la tierra antes de abrir los ojos es presionar las palmas contra el suelo, imaginando que cualquier exceso de energía se va por las manos y penetra en la tierra.

Abajo: **Las raíces de la flor de loto, un tipo de lirio de agua, están ligadas a la tierra y su flor se abre al sol. Por tanto, es un símbolo budista adecuado de iluminación.**

Impulsar la Autoestima

Meditación de amor propio

Ésta es una meditación mediante visualización muy valiosa que puede hacerse en diez minutos diariamente para aumentar la autoestima y la confianza en uno mismo. Proporciona expansión y curación, y también es adecuada si se siente crítico o inflexible sobre algún tema.

Cierre los ojos, concéntrese en su interior y sitúese en la orilla de un lago de reluciente energía rosa o agua. Imagine un hermoso paisaje alrededor de este lago, como, por ejemplo, unas montañas cubiertas de nieve. Lentamente, entre en el lago hasta que el agua le llegue al pecho; luego, conscientemente, doble las rodillas y flote en el agua, dejando que le invada su energía. El agua le sostiene como el mar Rojo. Imagine que tiene una abertura en la coronilla y deje que el agua rosada se deslice por todo su cuerpo y salga por los pies. Está flotando en un río de energía rosada. Deléitese en él. Luego, toque otra vez el suelo y salga del lago.

Arriba: La Naturaleza nunca cesa de proporcionar inspiración para los principiantes que intentan dominar las técnicas de visualización.

Estimulación de la Creatividad

La creatividad toma diferentes formas y está latente en todas las personas, aunque mucha gente no es consciente de sus habilidades. Cuando se trabaja con la creatividad, la mente se relaja y se centra, de manera muy parecida al proceso de meditación. Cuando usted se deja llevar por la creatividad, su corazón y su mente abren un flujo espontáneo de energía positiva; la mente automáticamente empieza a trabajar de manera intuitiva, accediendo a los niveles más profundos del yo.

La meditación beneficia la creatividad al liberar los pensamientos y sentimientos que inhiben el flujo de esa creatividad y estimulando la inspiración. Cuanto más espacio construya eliminando la actividad incesante de la mente, más brillará la creatividad.

Arriba: **La gente más práctica se sorprenderá al descubrir que todos tienen un elemento creativo en su interior.**

Meditación creativa

Siéntese cómodamente y tranquilícese respirando profundamente. Debe tener un gran sentido del tiempo que tiene por delante para realizar este ejercicio; no hay presiones, ni expectativas de ninguna clase.

Imagine que es una persona increíblemente creativa y que delante de usted hay un taller en el que puede permitirse cualquier capricho. Todas las tareas creativas imaginables están esperando a que las pruebe: puede pintar con enormes y radicales trazos en un lienzo gigante, disponer recortes y hojas en capas de papel "dècoupage", crear un dibujo irregular con pequeñas piezas de mosaico, o unir fragmentos de vidrios con colores de piedras preciosas. Incluso puede practicar canto en un coro.

Sea consciente de su respuesta emocional al dedicarse a cada tarea creativa. Dado que usted es la única persona presente en este ejercicio mental, no debe sentir miedo de ser observado o juzgado.

DOMINACIÓN DE LAS EMOCIONES

Es importante ser consciente del poder de los sentimientos. A menudo, ocultamos nuestros verdaderos sentimientos: una aparente calma que esconde emociones que hierven en el interior; una actitud bravucona cuando nos hacen daño o tenemos miedo; un enfado contenido. De esta manera, estamos afectando inconscientemente a nuestro propio sentido de bienestar y al de los demás. Si nos consumen por dentro una serie de sentimientos acalorados, será difícil ser neutral y objetivo. Tendemos a ser hipócritas y a encerrarnos en nuestra propia opinión. Es la clásica reacción automática –o reflejos–, resultado de años de influencias exteriores, producto de patrones emocionales que, debido al uso repetitivo, se han reforzado tanto que surgen de manera automática. Sin embargo, la meditación nos ayuda a deshacer

estos patrones; tiene el poder de revocar la negatividad y acabar curando esas actitudes. La próxima vez que se enfade o que alguien le toque un nervio emocional, intente crear un espacio corto en el tiempo antes de reaccionar. Esto le permite cuestionarse brevemente la validez de sus reacciones emocionales negativas, contener temporalmente los juicios o las críticas. Le permite responder de una manera más informada que si lo hace como una pura acción refleja.

Una vez que ha "abandonado" sus reacciones automáticas, será capaz de darle la vuelta por completo a su empuje vital. Ya no dará credibilidad a sus emociones negativas. Se dará cuenta de que es únicamente usted quien infunde a sus pensamientos, acciones o reacciones su peso o su grado de importancia. Usted les

proporciona significado. Por tanto, está en su mano reducirlos a simples burbujas de energía vacías. Sin sus percepciones subjetivas, ellos están inherentemente vacíos.

EMOCIONES QUE SURGEN DURANTE LA MEDITACIÓN

Muchos de nosotros estamos acostumbrados a suprimir nuestros sentimientos reales, particularmente la ira. Los conflictos sin resolver y los problemas psicológicos se incrustan en el subconsciente, desde donde, subliminalmente, promueven estados emocionales negativos que, al final, evitan que podamos continuar con nuestra vida. Pero, a medida que la práctica meditativa elimina lentamente el parloteo mental y crea espacio en su mente, se les da a los temas más profundos que estaban enterrados en el subconsciente la oportunidad de salir a la superficie. Es como si brillara una luz en nuestro ser interior y la mente decidiera que ya es hora de tratar con esos sentimientos reprimidos. Esa transformación no puede definirse con una sola experiencia; es un proceso lento en el que una conciencia cambiada, quizá elevada, lleva a experimentar revelaciones nuevas.

Izquierda: La ira, una emoción adecuadamente reflejada en el ardiente brillo de un atardecer, es un problema contra el que mucha gente lucha hoy en día.

PONER EN ORDEN LAS EMOCIONES

Una de las formas de disipar la ira es sentarse y escribir una carta a la persona con la que se está enfadado. No se preocupe por la gramática o la ortografía y no reprima ningún sentimiento; simplemente vierta todas sus emociones sobre el papel. Luego, guarde la carta durante dos o tres días (no más). Su intención NO es enviarla al receptor; debe servirle a usted para su propia curación. Léala cuidadosamente, añada lo que quiera, y luego vuélvala a guardar durante dos o tres días más. Sáquela otra vez, reléala por última vez y destrúyala.

Por otro lado, el siguiente ejercicio de escritura también es un excelente método para resolver muchos problemas emocionales, incluidos el control, el perfeccionismo, el sabotaje a uno mismo, el sentido de culpa, de vergüenza, de lástima de uno mismo, resentimiento y crítica.

En un papel escriba todo lo que piensa sobre ese tema: historias, experiencias, sentimientos. Por ejemplo, si intenta resolver problemas de ira, escribirá sobre las cosas que le han provocado ira, por qué siente ira y qué pensamientos y comportamientos está engendrando ese estado emocional. En otro papel racionalice si cree que su ira tiene justificación.

Después de esto, diríjase a su lugar de meditación. Intente alcanzar un estado meditativo y conectar con su yo superior. Su objetivo es llegar a la sabiduría innata, intuitiva, para intervenir en su yo superior, ya que él puede verlo todo de un modo independiente, sin emociones: el papel que ha tenido usted en la escena, el papel de los demás, de qué le sirve. Intente ver que ya estaba planificado que la escena sucediera así, la razón por la que pasó en ese momento particular, los sentimientos que generó y su procedencia. Al final, queme todo lo que ha escrito sobre el tema, pronunciando palabras de liberación y abandonando todos los pensamientos y sentimientos que sea necesario.

Si la cabeza y el cuerpo deben estar sanos, mejor que se empiece por curar la mente.

Platón

AUTOCURACIÓN

Mucha gente no se da cuenta de que son capaces, a través de la meditación y de los poderosos mecanismos de autocuración del cuerpo, de influir positivamente en un estado de bienestar mental y emocional que se filtra a través de un cuerpo físico equilibrado y sano (véase "Somos energía", página 56). El hecho de que la mente tenga un gran papel en nuestra salud ha sido reconocido durante siglos por muchas culturas del mundo, pero sólo ahora se está aceptando en la medicina occidental. La mente puede darle el poder de tener un papel más importante en su propia curación, al estimular la tremenda capacidad del cuerpo para recuperar la salud.

Algunos estudios en enfermos terminales demuestran recuperaciones en aquellos que canalizaron sus esfuerzos en pensamientos positivos y en trabajar la curación interior. Esto, obviamente, no significa que se abandonen los tratamientos del médico ortodoxo. Sencillamente, significa que se puede aumentar su curación médica, liberando las condiciones negativas, usando afirmaciones positivas y visualizaciones curativas.

Es importante aceptar que la enfermedad es, a menudo, en parte, el resultado de factores psicológicos inmediatos o pasados que están provocando un desequilibrio en las vibraciones energéticas del cuerpo. Cuando la energía se bloquea en el cuerpo crea una disfunción. Las emociones, los patrones de pensamiento y las creencias espirituales son tan importantes para la salud como los sistemas corporales, los tejidos y los órganos. Una buena salud es la alienación o el equilibrio entre el cuerpo físico y las vibraciones energéticas mentales, emocionales y espirituales.

El camino de la meditación intenta eliminar la parte de "culpa", por lo que es importante que cada uno se acepte –y se quiera– tal como es. Si se puede evitar juzgarse o ser estricto con uno mismo, es menos probable que se culpe y juzgue a los demás. La aceptación de sí mismo es importante para su práctica meditativa, debido a que la confianza, la energía y la felicidad –y, por tanto, la buena salud– llegan cuando se tiene la confianza de aceptar la propia vida y a uno mismo sin vergüenza o incomodidad. Si se permite mirar hacia dentro, aprenderá a escuchar las verdades interiores que salen de su corazón (el centro chacra de la compasión, una cualidad que la meditación tiene como objetivo adquirir).

Los pensamientos son una forma de energía, en los cuales las emociones que hay detrás de cada pensamiento crearán vibraciones que proyectarán un campo de energía y, por tanto, una estructura mental particular que puede convertirse en una profecía que se cumple por sí misma. Así, el pensamiento positivo puede ayudarnos a mantenernos sanos. De hecho, hay estudios que demuestran que los mecanismos de defensa natural del cuerpo son mucho mayores cuando se tiene una actitud positiva.

Las emociones, actitudes y pensamientos desequilibrados reducen las energías físicas naturales y los sistemas inmunitarios, por lo que se es más susceptible a los virus y a las bacterias.

VISUALIZACIÓN CURATIVA

Empiece en una posición y haga algunas respiraciones profundas iniciales para centrarse. Visualice que está inspirando una intensa luz blanca a través de la parte superior de la cabeza, y que baja inundándolo todo desde la cabeza hasta el chacra del corazón. Sienta cómo la luz llena su corazón y lo expande. Al espirar, conscientemente libere todas las tensiones, el estrés o el dolor. Intente

sentir intuitivamente cualquier posible desequilibrio de la energía, cualquier irregularidad en sus tejidos o células, y dirija la luz hacia esa área. Imagine que sus células y tejidos son invadidos por la luz curativa. También puede imaginar que las células cambian de tamaño y de forma; luego, visualícelas alineándose y reequilibrándose de nuevo. Al espirar, imagine que todas las toxinas, células enfermas y la tensión han salido del cuerpo.

Desde el centro del corazón, dirija la luz blanca por el resto del cuerpo, empezando por el pie izquierdo, subiendo hacia el tobillo, la pantorrilla, etc. Luego, dirija la luz a la pierna derecha. De manera sistemática, llene todo su cuerpo de luz, imaginando que usted es un cuerpo luminoso, energético, revitalizado y curado. Este proceso puede realizarse en cualquier momento y puede durar desde cinco minutos a una hora.

Abajo: **Las enseñanzas budistas nos alertan sobre la idea de que los pensamientos son energía y que nuestros procesos de pensamiento afectan nuestras vidas. Aquí, una flor a los pies de Buda simboliza el deseo del devoto de acercarse al poderoso espíritu motivador de Buda.**

COMPRENDE *lo que eres y lo que es el mundo; sólo entonces llegará la plenitud.*

Paul Brunton

UN *retiro no es un refugio para evasores. Es una oportunidad de profundizar en la vida interior.*

Natalia Baker

Adéntrate en el silencio,
Porque es en el silencio donde todas
 las cosas se revelan,
En el silencio alcanzas las alturas,
En el silencio renaces, te renuevas,
 te revitalizas.

Eileen Caddy

RETIROS

Hacer un Retiro

UN retiro puede ser muchas cosas, dependiendo de lo que se esté buscando. Los distintos tipos de retiro van desde pasar un tiempo tranquilo en un lugar hermoso hasta la versión más formal y organizada en la que el objetivo principal es alejarse de toda distracción. Este tipo puede estar bastante estructurado y no servirá para todo el mundo.

Por lo general, los retiros consisten en:

• Irse de fin de semana solo o con amigos para meditar.

• Dos amigos que se van con la intención de realizar meditación curativa, procesos emocionales o simplemente "dejarse llevar por la corriente".

• Soledad en la Naturaleza.

• Retiros organizados, formales, con un centro de meditación.

Elección del lugar

Los monasterios, templos e iglesias a menudo tienen cabañas o apartamentos de refugio ya preparados con todas las facilidades, y generalmente pueden alquilarse por un precio razonable. También a menudo están situados en lugares hermosos. Aunque usted esté buscando

Derecha: El olor aromático del incienso, generalmente quemado en honor a una deidad, puede elevar los sentidos durante la meditación.

algo sencillo, no debe excluir la creatividad y la alegría: puede ser cualquier sitio que le infunda paz o que le eleve emocionalmente y que le ofrezca una reclusión relativa y comodidad.

Aquellos que prefieren simplemente estar en comunidad con la Naturaleza encuentran que estar inmerso en la belleza del mundo exterior refuerza su relación con todas las cosas vivas y les recuerda su extraordinaria conexión con el universo. También el hecho de estar "lejos de la multitud" en un lugar de paz y soledad le permite practicar la concentración, y los colores, sonidos y olores de la Naturaleza le ayudan a distraer su atención de los pensamientos incesantes. Libre del ajetreo de la vida diaria, usted es capaz de mirar hacia adentro y observarse a sí mismo de manera firme y honesta. También descubrirá que, como resultado de su retiro y de la práctica meditativa, la gente con la que entre en contacto también se beneficiará de sus energías positivas.

Hay una historia de un yogui (un meditador que ha alcanzado la iluminación a través de la práctica del yoga) que estaba en un retiro y recibió la visita de otro maestro vestido como un simple ermitaño. El maestro le preguntó al yogui sobre qué estaba meditando, y el yogui respondió: "Sobre la paciencia." El maestro insistió y continuó haciendo preguntas al hombre hasta que, al final, el yogui saltó y gritó: "¡Vete! ¿No ves que estoy ocupado?"

Abajo: **La absoluta soledad en la Naturaleza sirve para fortalecer nuestro sentimiento de unidad con el mundo natural que nos rodea.**

Qué llevarse a un retiro

Llévese cojines, alfombras o chales para tener la seguridad de que va a estar tan cómodo como sea posible. Asegúrese también de que incluye ropa de abrigo, porque si siente frío, no podrá meditar adecuadamente. También es útil un reloj para controlar las sesiones.

Los retiros organizados contienen un agradable ritual de inicio y final para las sesiones de meditación, haciendo sonar un gong o una campana. Si usted ha preparado su propio fin de semana, puede llevarse música inspiradora para tranquilizarse y crear el ambiente adecuado.

En los retiros formales, los guías esperan que los participantes ayuden en los deberes organizativos durante la reunión. Esto proporciona una relación amigable y cooperadora entre los miembros del retiro y beneficia la marcha tranquila del evento. Se anima a la concentración durante todas las actividades para que los miembros profundicen en su conciencia.

06.00	Levantarse y vestirse. Agua caliente.	½ hora
07.30	Ejercicios, meditación o Tai Chi, Yoga, etc.	½ hora
08.00	Desayuno: papilla integral/fruta, té/zumo.	1 hora
09.00	Primera sesión principal de meditación (con siete minutos en medio para andar).	1 hora
10.00	Hora del té: té/zumo, fruta/galletas integrales.	½ hora
11.30	Tiempo libre hasta el almuerzo o segunda sesión de meditación.	1 hora
12.30	Almuerzo. Hay que comer cuidadosamente, en silencio.	1 hora
13.30	Descanso.	½ hora
14.00	Paseo organizado, natación, charla, etc. o tercera sesión de meditación.	2 horas
16.00	Hora del té.	½ hora
16.30	Sesión de meditación.	1 hora
17.30	Tiempo libre hasta la cena.	1 hora
18.30	Cena.	1 hora
19.30	Charla, película afín, etc., o sesión de meditación.	2 horas
21.30	Entrevistas o temas surgidos con el maestro del retiro.	½ hora
22.00	Se apagan las luces. No se puede hablar.	

Un día típico

Si ha escogido formar parte de un retiro organizado, elija uno que ofrezca una mezcla equilibrada de meditación y relajación. Por lo general, se establece un horario para dar una idea de estructura al retiro. Este horario actuará como guía para las actividades. El ejemplo que ofrecemos puede adaptarse a sus necesidades.

Debido a que los principiantes en la meditación no están acostumbrados a pasar muchas horas con la contemplación interior, la duración del primer retiro suele ser de un día o de un fin de semana.

Arriba: **Después de practicar regularmente, descubrirá que puede medir el tiempo para meditar de forma natural y que tenderá a salir de la meditación con naturalidad.**

Tiempo para uno Mismo

Meditación durante la comida

Debido a que la salud depende de que el cuerpo, la mente y el espíritu estén en equilibrio y armonía, su dieta diaria tiene un papel muy importante. Durante un retiro, el sustento será simple, sabroso y ligero. No querrá sentirse espeso después de una comida grande y pesada; eso podría provocar que se sintiera incómodo, particularmente antes de una sesión de meditación, porque sus energías corporales estarían trabajando en el proceso digestivo. Seleccione comida fácilmente digerible, como fruta fresca, ensaladas, sopas, verduras hervidas o ligeramente salteadas, legumbres y cereales nutritivos y carne blanca, como el pollo, o pescado. Los refrescos ideales son zumos poco diluidos, té verde o hierbas, o agua natural.

También puede convertir el acto de comer en un tipo de meditación. Haga que cada comida sea un ritual especial incluyendo flores frescas. Mientras coma, observe concentradamente el color y la forma de la comida concreta que tenga en su plato. Eleve los sentidos: sea consciente del aroma, aprecie el sabor de la comida, los gustos y la textura. Sea consciente de la consistencia que tienen mientras los come y observe cuánto tiempo duran los sabores en la boca.

Todo esto es bueno, de nuevo, para centrar la mente y asegurarse de que está completamente presente en el momento.

Arriba: La frescura, apariencia y presentación visual de nuestras comidas supondrán una diferencia enorme para su disfrute. Añadir flores a la mesa también ayuda a crear una atmósfera.

LOS BENEFICIOS DEL SILENCIO

Si se toma en serio su retiro meditativo, deseará que haya la menor cantidad de distracciones posible de su rigurosa rutina habitual. Por tanto, puede escoger dejar su teléfono móvil en casa, su ordenador portátil y la televisión. Estar en armonía con el silencio y los sonidos de la Naturaleza puede ser muy fortalecedor e inspirador para el alma. Restablecer su unidad con todas las cosas vivas es revitalizante y nos deja descansados, pero llenos de energía. Si está acostumbrado a estar rodeado por un flujo continuo de ruidos, gente y acción, el silencio puede resultar inquietante. Aquí es donde un director de retiro experimentado será capaz de guiarle y ayudarle a ajustar su perspectiva.

También puede ser éste el momento en que su alma decida liberar alguno de esos problemas emocionales que estaban profundamente enterrados. No esté incómodo; permita que esos sentimientos surjan, acéptelos y luego libérelos. El director de retiro le ofrecerá guía y le escuchará, sentirá empatía y le aconsejará. Esta persona ha sido entrenada para manejar ese tipo de problemas emocionales. También descubrirá que la gente que está con usted en ese retiro puede ofrecerle un apoyo cariñoso y afectuoso.

Izquierda: Estar en armonía con el exterior inspira y refresca la mente y el cuerpo.

profundizar en la práctica de la meditación y eliminar los bloqueos emocionales y otros problemas a través de procesos de escritura y visualización. Cada retiro adquiere su propio carácter con diferentes énfasis, aunque los paseos largos son una característica constante, igual que la alegría de reír y la diversión, las comidas deliciosas, compartir de manera profunda nuestras vidas y nuestros objetivos, y las breves visitas ocasionales al pueblo cercano para comprar provisiones y para comer.

La experiencia de "dejarse llevar por la corriente" es mágica. Normalmente, nuestras vidas están estructuradas y definidas por las exigencias del trabajo, la familia y las complicaciones de la vida moderna. En mi propia vida, debido a la naturaleza de mi trabajo con la gente, veinte llamadas telefónicas significan que he tenido un día tranquilo. Es perfectamente conocido que mi correo electrónico recoge hasta ¡200 mensajes en cinco días!

El retiro ofrece liberarse de todo esto. Descansamos con comodidad en una parte de nosotros mismos más profunda, entrando en la guía intuitiva y los sentimientos. Todo esto nos permite estar perfectamente en armonía con lo que es adecuado en cualquier momento. Observamos cómo, al seguir esta guía interior, nuestras actividades diarias siempre están en perfecto equilibrio: ejercicio, extensión de las meditaciones, cuándo hablar o estar callados, estar serios o reír, estar con otra gente o solos. Hay un sentido de 'propiedad' en todo lo que hacemos. Recuerdo que un día dije que parecía como si estuviéramos en gracia. 'Dejarnos llevar por la corriente' ha hecho más profundo nuestro sentido de confianza en nuestra propia sabiduría interna, que tiene más conocimiento del que la mente racional podría concebir.

Nuestras meditaciones son profundas y maravillosas. De ellas sacamos nuevas comprensiones, percepciones y experiencias de lo que somos realmente, cuando entramos en niveles expandidos de conciencia. La paz se convierte en 'la paz que sobrepasa todo entendimiento' y nuestros corazones se abren al amor y la compasión.

El resultado de estas meditaciones y la experiencia de esos ocho días son acumulativos, y vuelven a casa dos mujeres revitalizadas, apreciablemente más conscientes, alegres y serenas."

Natalia Baker

UNA EXPERIENCIA PERSONAL DE UN RETIRO INFORMAL

"Desde hace algunos años, mi querida amiga Jenny y yo estamos organizando un retiro informal de ocho días en una casa rústica en la orilla de una laguna, cerca del mar y rodeada de montañas. Lo que motivó el primero de estos retiros fue la muerte de mi marido, de treinta años, durante un período intensivo enseñando meditación. Yo continué dando clases, pero estaba cerca del colapso, ya que había retrasado el proceso natural de llorar por la pérdida. El efecto del primer retiro fue tan profundamente curativo, fortalecedor e inspirador, que decidimos que se convertiría en parte de nuestro programa anual. Nuestra intención durante este retiro es

Arriba: **Observar una vela es muy útil para crear una sensación de paz interior dentro de uno mismo.**

CÓMO MEJORA LA VIDA LA MEDITACIÓN

Nuestro mundo se vuelve cada vez más claustrofóbico con el crecimiento sostenido de la población de las grandes ciudades, el espacio vital restringido, el constante ir y venir del tráfico, los efectos de la polución industrial y el debilitamiento de la capa de ozono. Esto, junto con el inexorable ritmo de vida causado por la mejora de la tecnología, pueden distraerte de escuchar a tu corazón –tu voz interior–, particularmente cuando nos bombardean con opiniones y perspectivas en los anuncios, los medios de comunicación, los compañeros de trabajo, los amigos y los familiares. Depende de usted crear un espacio para que la verdad innata y la sabiduría interior emerjan. La meditación le enseña a afrontar su espacio interior en lugar de bloquearlo y rodearlo de confort, comida, bebida, conversación, música, televisión y posesiones materiales.

Mucha gente experimenta una insatisfacción general y tienen que hacer un esfuerzo para encontrar la felicidad permanente o la realización en su estilo de vida.

Arriba: **Las habilidades que desarrolla al aprender a meditar le serán muy útiles para alcanzar un estado de relajación absoluta.**

Hoy en día otorgamos mucho valor al materialismo, pero mucha gente está descubriendo que ser dueño de una mansión de lujo o de un coche deportivo caro no satisface plenamente todas sus necesidades interiores. La concentración, la tranquili-

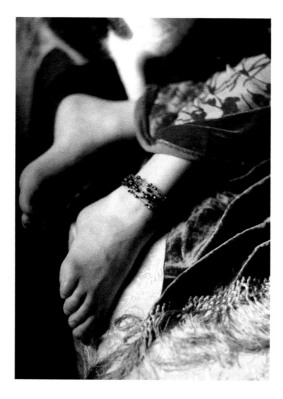

dad, la percepción interior que aporta la meditación nos enseñan a alcanzar esa sensación de libertad y bienestar que surge de la felicidad espiritual. Esto sólo es posible cuando hemos aprendido a conocernos y a comprendernos, a aceptar quiénes somos con nuestras energías y nuestras debilidades.

Definir qué es la meditación no puede hacerse en una frase. La meditación es muchas cosas: una técnica de concentración que ayuda a centrar la mente en una

sola cosa a la vez; el abandono de la racionalidad y de los procesos lógicos para permitir que la intuición expanda los horizontes de la mente; el rechazo de los patrones habituales de nuestro estilo de vida condicionado, y la invitación a nuevas y refrescantes perspectivas; la aceptación de que podemos cambiar nuestra vida, simplemente dándonos ese poder, porque es la mente la que determina nuestra manera de ver el mundo.

La meditación es sencillamente tener la conciencia en plena armonía con el presente.

La meditación también puede conducir a experiencias muy personales que son difíciles de expresar o incluso de ser comprendidas por completo. Posiblemente sea por esto por lo que es difícil definir la meditación. Algunas personas definen sus experiencias meditativas como espirituales (no necesariamente en un contexto religioso); otras como momentos de intensa plenitud, como ventanas a una conciencia mayor.

Lo que la meditación hace es añadir una dimensión a su vida contribuyendo a una transformación personal interna que hace que vea el mundo desde una nueva perspectiva. Tal como cita Joseph Goldstein a Gary Snyder, en el libro *Voces de una revelación:* "Hay un mundo detrás del mundo que vemos, que es el mismo mundo, pero más abierto, más transparente."

'VIVIR EL MOMENTO'

Recuerde que su vida interior dictará lo que pase en su vida exterior, por lo que los momentos de tensión o de frustración reprimida deben trabajarse con eficacia para disipar las energías negativas.

Cuando hay una concentración de tensión o emocional, puede construir un retiro adecuado en cualquier sitio: la "capilla" en los aeropuertos es un gran lugar en el que se puede meditar; en su oficina en el trabajo (con la puerta cerrada); en el coche en un atasco de tráfico; en las salas de espera, en las colas, en el autobús.

Aplique la técnica de la conciencia allá donde vaya. Respire lenta y profundamente tres veces e intente llevar su mente a un estado positivo. Eleve sus sentidos siendo consciente –pero sin detenerse en ellos– de los olores que le rodean (particularmente, si se encuentra en el exterior); sea consciente de los sonidos dejando que le lleguen pero no los encierre; mire alrededor a todo el mundo y todas las cosas. Obsérvelo todo, pero no se fije en nada en particular. No fuerce el proceso, manténgase relajado.

Pronunciar un mantra personal o una afirmación para usted mismo puede ayudarle a mantenerle consciente de la presencia del momento; por ejemplo: "Estoy relajado, calmado y tranquilo. Estoy en el presente cómodamente y sin esfuerzo."

Abajo: **El ajetreado ritmo de vida moderno hace cada vez más necesario para nosotros "tomarnos un tiempo fuera". Afrontar los elementos de la Naturaleza, que son "más duraderos que la vida", ayuda a dar otra perspectiva a nuestra tensión diaria.**

TU *estado mental debería permanecer siempre en calma. Incluso si sientes alguna ansiedad, como forzosamente ocurre en la vida, siempre deberías estar en calma. Como una ola, que se forma de agua y se disuelve otra vez en agua, estas perturbaciones son muy cortas y no deberían afectar tu actitud mental básica. Si permaneces en calma, tu presión sanguínea y el resto permanecerá normal y, como resultado, tu salud mejorará.*

Libro de la Sabiduría
del Dalai Lama

ÉSTA *es tu vida y nadie va a enseñarte: ningún libro, ningún gurú. Aprende de ti mismo, no de los libros. Es algo inacabable, fascinante, y cuando aprendes algo sobre ti por ti mismo, de ese aprendizaje nace la sabiduría. Y entonces puedes llevar una vida extraordinaria, alegre y hermosa.*

Krishnamurti

MEDITACIÓN EN MOVIMIENTO

ACTIVIDADES CON DESTREZA

LA naturaleza de estas actividades controladas les permite equipararse con el estado meditativo: estimulan que la mente se centre y mire hacia dentro en lugar de poner la atención en la acción física. Esto exige una mayor precisión y una implicación más centrada en la actividad física, que conduce a la relajación y a beneficios meditativos. Algunos de los siguientes métodos de entrenamiento se hacen desde el punto de vista del estado físico y la salud, otros para alinear las energías sutiles del cuerpo y otros simplemente por motivos creativos. Hay gran cantidad de vídeos, libros y cursos que le permitirán ampliar sus conocimientos y explorar más estas actividades.

Estas actividades son especialmente beneficiosas para las tendencias occidentales hacia la rapidez, la acción y la adrenalina.

Estas prácticas nos obligan a hacer meditación mientras estamos ocupados aprendiendo un movimiento elegante, centrándonos en el control de los músculos o creando un hermoso arreglo floral. Son parte de unos sistemas filosóficos mucho mayores, pero, aun así, podemos obtener muchos beneficios al realizarlas.

Aunque los ejemplos que aparecen en este libro han existido, en algunos casos, desde hace miles de años (el yoga y el Chi Kung) y otros desde hace sólo algunas décadas (Aikido), todos requieren una mente centrada. Durante las fases iniciales de práctica de estas actividades contemplativas, hay que desarrollar una atención total que se equipara a la atención plena de la meditación. Más tarde, cuando tenga más experiencia, usted será capaz de introducir en su estado mental una conciencia más

ampliada. Igual que con la meditación, la atención plena conduce a la conciencia, por lo que estas prácticas son buenas como actividades preliminares o suplementarias en sus esfuerzos meditativos.

Más allá de la belleza, la paz y los aspectos integradores de la actividad está el potencial para que usted abra la puerta de su sabiduría interior. La enseñanza budista dice que la sabiduría real nace de dos características principales: la compasión y las actividades con destrezas. Es una sabiduría a través del amor por el proceso de aprendizaje, no por el producto final. Y es nuestra amabilidad con nosotros mismos, nuestra propia aceptación, lo que nos lleva a vivir una vida honesta y verdadera.

La alegría y el amor que surgen de esto se derraman sobre la vida de los demás, porque usted proyecta hacia fuera lo que sucede en su interior; una sensación de equilibrio, felicidad y amor por lo que usted es y por su situación en la vida va a producir vibraciones positivas hacia aquellos que le rodean. Éste es el significado real y simple de la sabiduría verdadera.

Izquierda: **Cualquier actividad que requiera atención y concentración, como esta niña china haciendo caligrafía, acerca al individuo a un estado meditativo.**

Yoga

Ésta es una antigua forma védica de ejercicio contemplativo, desarrollado en la India alrededor del año 3000 antes de Cristo (los Vedas son los antiguos escritos sagrados sánscritos del hinduismo). Es un sistema que fomenta la salud y el bienestar ayudando a alinear y construir energías positivas en una persona, y genera un estado meditativo de la mente a través de la concentración centrada y la respiración controlada. La filosofía del yoga es similar a la noción china del Yin y el Yang, en la que las energías positivas y las negativas son interdependientes la una de la otra y luchan por crear un equilibrio.

El yoga gira sobre una serie de posturas llamadas *asanas,* que se usan para dar un masaje, estimular y tonificar todas las partes del cuerpo. La revitalización y el fortalecimiento no sólo tienen lugar en los músculos y huesos, sino también en los órganos y sistemas (nervioso, endocrino, respiratorio, muscular). La tensión y la rigidez se eliminan y la energía atrapada en el cuerpo se libera.

Con la ayuda de un instructor puede aislar áreas del cuerpo en que los movimientos están restringidos o sobrecargados, para lo cual puede practicar ciertas posturas para remediar el desequilibrio. La calma y la naturaleza relajante de las posiciones, junto con la necesidad de centrarse sólo en un punto mientras realiza cada postura, también ayudan a introducir un estado mental meditativo.

La naturaleza suave del yoga es especialmente beneficiosa para aquellos que encuentran que la meditación directa es demasiado rigurosa. La intención es no tener prisa, no forzar las posturas. Pueden reportarle numerosos beneficios si se hacen regularmente y con concentración.

Un ejercicio de yoga: la cobra

La cobra, como postura, produce muy buenos beneficios generales. Hace trabajar las vértebras, que son las principales transportadoras de los sistemas nerviosos y de energía sutil del cuerpo, y es excelente para los músculos de la espalda y los órganos abdominales.

En primer lugar, quítese cualquier tipo de gafas, relojes o joyas. Túmbese boca abajo (la frente tocando el suelo), con los brazos y los codos estirados a lo largo del cuerpo, las palmas hacia abajo con los dedos a cada lado de la mejilla, en línea con los hombros (1).

Lentamente, levante la cabeza, los hombros y luego el tronco, empujándose con las manos (2). Al estirarse los brazos, las vértebras formarán una curva más cerrada. En la postura final, los brazos están completamente extendidos, la cabeza hacia atrás y el abdomen está tocando el suelo –levántese sólo hasta donde se sienta cómodo–. El movimiento debe hacerse muy lentamente de manera que se doble una vértebra a cada paso. Sostenga la postura final durante 15 segundos, dejando que su mente se fije y note realmente la sensación de estar en esa postura. Luego, lentamente, haga el movimiento contrario y descanse durante un minuto o dos. Repítalo una vez más.

CHI KUNG

"Chi Kung" (también conocido como "qigong") significa literalmente "ejercicios de energía" y fue desarrollado en el norte de China hace unos 6.000 años. Se basa en la noción del *chi*, fuerza o energía vital, que es la clave de los sistemas medicinales de la India, el Tíbet y China. Igual que la electricidad, la energía fluida *chi* es invisible, pero contiene un increíble poder. Saber guiar habilidosamente esta nutritiva energía por nuestro ser nos permite alcanzar el equilibrio, la armonía y cualquier curación que necesitemos. Esto se consigue a través de ejercicios físicos generalmente cortos, con énfasis en la respiración y la concentración.

El concepto del Yin y el Yang, o el equilibrio de los contrarios, se aplica a los tres elementos principales del Chi Kung. Estos elementos consisten en:
- Un estado mental calmado pero alerta para ayudar a la concentración focal.

– Una respiración profunda pero natural para aumentar y hacer circular la energía *chi*.
– La postura (una espalda recta) y/o el movimiento.

Usted debe ver este proceso como una progresión: primero, debe intentar relajarse y calmar la mente un poco antes de hacer los ejercicios, dado que necesita una mente tranquila para poder respirar correctamente. Segundo, una respiración profunda y calmada (realizada con un estado mental positivo) acumula *chi*. Una correcta postura y los movimientos, que pueden incluir visualizaciones junto con la respiración, ayudan a guiar el *chi* por los canales correctos. Puede parecer complicado en un principio, pero una vez que se ha familiarizado con los ejercicios, le parecerán muy naturales, fáciles y pueden incluso ser tonificantes.

UN EJERCICIO CHI KUNG: TRANSPORTAR LA LUNA

Este ejercicio particular es bueno para la columna y la fortalece, como también fortalece el canal principal de energía, o meridiano, que corre paralelo a ella. El *chi* se irradia hacia fuera desde allí, a lo largo de todo el cuerpo. Este ejercicio genera juventud y vitalidad sexual.

Empiece el ejercicio en una posición de pie cómoda. Suelte las manos hasta justo por debajo de las rodillas doblando el cuerpo hacia delante con una suave curva, y con la cabeza siguiendo el arco. Permanezca relajado durante unos segundos, visualizando cómo la energía *chi* sube por el canal central, a lo largo de las vértebras, hasta la parte superior de la cabeza.

Lentamente, estire el cuerpo, levantando y estirando los brazos hacia delante al mismo tiempo y luego hacia arriba inspirando. Cuando los brazos y las manos estén estirados al máximo, y usted mirándolos, forme una luna llena con los dedos pulgar e índice. Para equilibrar, el cuerpo debería estar ligeramente curvado y la cabeza suavemente echada hacia atrás. Retenga el aire unos segundos en esta posición. Finalmente, mientras espira, baje los brazos a los lados y estire el cuerpo.

Durante la espiración, visualice el *chi* como una luz líquida que cae en cascada desde la parte superior de su cabeza, por su cuerpo hasta el suelo; imagine que es energía pura que limpia todo los pensamientos malos y las emociones negativas.

Derecha: Qi (chi) **significa "fuerza vital sutil",** *gong* **implica "trabajo repetido": por tanto, podría traducirse aproximadamente como "repetición del trabajo energético". Esencialmente, usted conecta con la energía universal.**

Tai Chi Chuan

Un monje taoísta desarrolló el Tai Chi Chuan (o boxeo del Yin y el Yang) hace unos 800 años como una rama del Chi Kung. Se utilizaba principalmente como un tipo de defensa sofisticado, en el cual no se usaba la fuerza sobre el oponente o atacante, sino que la energía del atacante se reflejaba de nuevo sobre él mismo. Con este tipo de movimiento, la mente y el cuerpo, altamente entrenados, del defensor usan su dominio sobre el chi (fuerza vital) para burlar al oponente. La calma, la rapidez y la unidad con el chi se combinan para crear un espacio en el que el atacante "cae", se cansa y se confunde. Actualmente, la gracilidad y la belleza de los movimientos han llamado poderosamente la atención de la tradi-

ción occidental. Esta práctica, especialmente, necesita aprenderse con un maestro, ya que es una serie de ejercicios de Chi Kung que fluyen unos dentro de otros en un movimiento normalmente lento y suave.

Aprender a adoptar una postura de pie correcta es una parte importante del Tai Chi; el peso del cuerpo necesita distribuirse equili-

Arriba: **En el Tai Chi, el foco de atención es interno, mirando hacia dentro a la mente y concentrándose en estar completamente relajado en lugar de usar la fuerza o la potencia.**

bradamente sobre las dos piernas. Esta postura se mantiene cuando se introducen movimientos de brazos y, posteriormente, cuando se coordina la respiración con la secuencia de movimientos. Una postura mejorada ayuda a aliviar los problemas de espalda y reduce la posibilidad de que se produzcan problemas en el futuro.

Igualmente, practicar una respiración abdominal correcta tiene como resultado un incremento del suministro de oxígeno a los pulmones y, por tanto, al resto del cuerpo, y al mismo tiempo ayuda a relajar el cuerpo y a deshacer la tensión muscular. Se requiere concentración para realizar correctamente el Tai Chi; por tanto, también ayuda a centrar la mente y alejarla del estrés y las ansiedades mentales diarias.

UN EJERCICIO DE TAI CHI: SUBIR Y BAJAR LAS MANOS

Para adoptar una postura correcta, sitúese de pie con los pies separados a la altura de las caderas, las rodillas ligeramente dobladas, la espalda recta, y descanse las manos suavemente sobre los muslos. Para asegurarse de que realiza la serie correctamente, pruebe a hacerla primero contra una pared o una superficie lisa.

Sitúese a una distancia de la pared en la que pueda colocar las dos manos planas sobre la superficie y luego baje las manos a los lados. Mueva los brazos hacia la pared hasta que el dorso de los dedos la roce ligeramente. Las muñecas deberán tocar la pared antes que los dedos al deslizar hacia arriba las manos por la superficie. Cuando las muñecas lleguen a la altura de los hombros, cambie de dirección y baje las manos con las muñecas por delante y los dedos separados de usted. Cuando crea que están a punto de perder el contacto con la superficie, pare el movimiento de las manos. Ésta es la posición (debería quedar en línea con las caderas) en la que debería empezar a subir los brazos y la posición hasta la que debe bajarlos. Al bajar las manos, flexione un poco las piernas hacia abajo. Los hombros y los codos deben permanecer relajados durante el ejercicio.

Ahora intente realizar la secuencia lejos de la superficie plana, coordinando la respiración abdominal con los movimientos. Inspire al empezar a subir las manos y continúe hasta que las muñecas estén a la altura de los hombros; entonces espire, mientras baja las manos a la altura de las caderas. Vuelva a colocar las manos en la posición original sobre los muslos y repita la secuencia.

AIKIDO

El Aikido (o "arte de la paz") fue desarrollado por el gran maestro japonés Morihei Ueshiba (1883-1969). Técnicamente, se engloba dentro del campo de las artes marciales, pero sus métodos lo convierten también en un sistema de descubrimiento interior muy exitoso. La ética y la filosofía del Aikido son cruciales para la eficacia de este arte marcial.

Los practicantes de Aikido no pelean, no toman parte en torneos o competiciones, e insisten en que ellos no "luchan".

El Aikido enseña muchos movimientos y técnicas, pero el dominio real se consigue después de años de acumular valores nutritivos, como la no-agresión, mantener un estado mental en calma en una situación extrema, no preocuparse por perder o ganar, etcétera. Todo esto aumenta la conciencia del practicante y su sensibilidad hacia su oponente, permitiendo al practicante reconducir la energía atacante del oponente con el mínimo esfuerzo. En lugar de ser reactivo, el practicante es proactivo. Donde tiene lugar una agresión, intenta continuamente quitar crispación al conflicto, en vez de superar al oponente mediante algún tipo de fuerza.

Debido a que los practicantes de Aikido permanecen en calma y sin miedo, y claramente en contacto con su intuición, también permanecen abiertos a cualquier movimiento que se haga.

Mediante largos ejercicios de respiración y mucho entrenamiento, la mente del practicante aprende a concentrarse en una sola cosa, creando un buen estado mental meditativo. Es este estado mental el que permite el desarrollo de las cualidades necesarias del "guerrero pacífico".

Por tanto, una vez más, las leyes universales de crear paz, espacio y luz son fundamentales para equilibrar nuestras vidas.

Arriba a la derecha: **Lo que todos estos ejercicios orientales tienen en común es un grado supremo de control sobre el cuerpo, la mente y el espíritu, estimulando el flujo libre del** *chi,* **nuestra fuerza vital.**

UN EJERCICIO DE AIKIDO

Una discusión emotiva es un buen ejemplo de cómo tomar una posición agresiva o inflexible puede aumentar el conflicto. Es fácil querer tener el poder o la autoridad para forzar las opiniones de la gente, pero esta necesidad es resultado del ego. El Aikido desafía al practicante a encontrar su "intención" real en una situación. Idealmente, es necesario llegar a un punto en el que el siguiente ejercicio surja instintivamente la próxima vez que usted tenga una discusión.

Intente calmarse y respire profundamente. Evite una reacción automática y tómese un tiempo para analizar sus intenciones reales. No se centre en lo específico. Estudie sus intenciones: ¿siente miedo, agresión, o está manteniendo su reputación, su orgullo? Esto puede proporcionarle una nueva percepción mental y de todo el proceso de conflicto, y revelarle caminos alternativos con los que manejar la situación, distintos de su reacción visceral inicial. El Aikido usa principios similares, pero en un nivel físico más rápido.

Danza

La danza es una de las poquísimas cosas naturalmente espontáneas que aún realizamos actualmente y que son saludables para el alma: nuestro bienestar general se beneficia de la espontaneidad, la libertad, la alegría que proporciona la danza. En la India, la danza tiene el papel de una oración para el bailarín.

Para obtener un beneficio real y duradero, la danza contemplativa o el movimiento exige una gran conciencia. Debe haber una respuesta significativa, sensible a la música y el cuerpo para que la conciencia se transforme en paz y armonía.

Un ejercicio de danza

Elija una pieza musical que sea energética e inspiradora para usted; puede ser cualquier cosa, desde el ritmo tecno moderno al jazz o el soul. Los factores importantes para sus movimientos son la espontaneidad y la libertad del cuerpo (pero con una intensa conciencia).

Mueva sus brazos alrededor del torso y por encima de la cabeza, gire y doble el torso para estimular el flujo de energía y llevarla a la armonía con todas las partes del cuerpo. Sienta cómo aumenta la energía canalizada por sus brazos y piernas, subiendo por su columna y entrando en el pecho y los pul-

mones. Está expresando quién y qué es usted en un lenguaje universal que no necesita palabras. La danza es su forma de comunicación.

Moviéndose instintivamente y de manera fluida, sin controlar los movimientos, se libera y se pone en contacto con la persona que usted realmente es.

Abajo: **La danza puede usarse como método para expresar las emociones profundas sin palabras. Puede liberar la energía encerrada o simplemente ser un momento divertido.**

Vivo en la luz
Amo en la luz
Río en la luz
Me alimento y me nutro de luz
Sirvo con alegría a la luz porque
YO SOY la luz
YO SOY...

LA CEREMONIA DEL TÉ

A la gente que aprende la ceremonia japonesa del té por primera vez le puede parecer que es un ritual complejo e innecesario, pero la idea que hay detrás de esa ceremonia es, en realidad, muy simple.

La ceremonia china o taoísta del té es un poco más relajada y, principalmente, tiene que ver con la belleza y la armonía, pero los monjes Zen van un paso más allá: para ellos, las nociones conceptualizadas de belleza no se presentan de manera obvia. Se pone más énfasis en la simplicidad y en la precisión de movimientos, o rituales, lo que fomenta una cierta claridad en la mente en un esfuerzo por acercarla a su naturaleza más pura.

Hoy en día, Occidente está muy versado en los beneficios medicinales y de salud del té verde chino. La calidad es la clave. Hay belleza en el color y en el sabor, y, como una pintura Zen, también parece levantar e iluminar el espíritu. Compare esto con la cantidad de personas que en-

mascaran el café con leche o azúcar. El té verde, en su simplicidad, le invita a un espacio "vacío", y a formar parte de él. Ésta es la esencia de la ceremonia del té. Es la concentración de sus acciones, el estar consciente de cada momento de la realización del té y del ritual para beberlo, que se transforma en un proceso meditativo.

UNA CEREMONIA CHINA DEL TÉ

Encuentre un lugar confortable y ordenado, dentro o fuera de su casa. Añada un objeto bello, como un simple arreglo floral, una figura o un cuadro. El sonido del agua fluyendo o burbujeando también resulta agradable. Prepare una taza de té muy lentamente y con cuidado, prestando atención a cada detalle, pero permanezca totalmente relajado. Si puede, use una vajilla simple pero bonita, no una tetera de plástico (ya que libera productos químicos en el agua caliente), y un té de calidad. Cuando el té esté listo y usted este preparado para beberlo, saboree plenamente el sabor de la belleza del color, el aroma y el gusto del té, y de lo que le rodea. Inspire la luz y la belleza que ha creado para usted. La ética

que hay detrás de este ritual es que, cuando hace que el mundo que le rodea sea pacífico, bello e iluminado, su corazón y su mente siguen el ejemplo.

Abajo: **Experimentar el concepto oriental de la ceremonia del té nos ofrece un excelente ejercicio de atención plena. Si nos aplicamos al ritual con una concentración centrada, éste puede compararse con la meditación, particularmente por el hecho de que involucra todos nuestros sentidos: la apariencia, el olor, el sabor, la sensación y, si estamos en un jardín, los sonidos de nuestro alrededor.**

Ikebana

El Ikebana, que significa "arte de la colocación" o "arte vivo", es el arte decorativo japonés de arreglos florales. Se originó en China sobre el 810 antes de Cristo, en forma de ofrendas hermosas y elaboradas colocadas en templos. Más tarde, se extendió como arte contemplativo entre las familias nobles, y desde entonces se ha extendido rápidamente por todo el mundo. Actualmente, hay unas 2.000 escuelas de Ikebana, siendo las cuatro principales las escuelas japonesas Sogetsu, Ichiyo, Ikenobu y Ohara.

La increíble diversidad de estilos actual dificulta aislar un denominador común que todos compartan, pero los principios que hay detrás siguen siendo los mismos.

Al aprender el arte del Ikebana, usted está trabajando con un microcosmos de su propio mundo. Muchas de las escuelas de pensamiento actuales incluyen el antiguo principio de equilibrio que existe en la trilogía del cielo, el hombre y la tierra. Dentro de este concepto, el cielo representa todas nuestras nobles intenciones, que están personificadas en nuestros iconos de Dios o de varios dioses, gurús y otras figuras veneradas de nuestro universo personal. La tierra nos mantiene en contacto con la realidad de nuestra vida diaria terrenal. Los humanos crean un equilibrio entre estos dos opuestos, en el que, en sus esfuerzos por alcanzar el increíble potencial que todos los humanos poseen, necesitan primero experimentar siendo totalmente humanos.

Esta trilogía actúa como guía para la colocación de las flores y hojas en un recipiente –en grupos de tres– para reflejar el equilibrio de dinamismo y armonía que existe entre el cielo, el hombre y la tierra. Las piezas más grandes de fondo representan el cielo; los componentes intermedios al hombre, y los elementos más inferiores, los que están en primer término, representan la tierra. Debe crearse una armonía entre el recipiente que contiene el agua, el agua que nutre las plantas y las plantas que añaden belleza a nuestras vidas. La belleza no sólo debe complacer la vista sino que también debe ayudarle a usted a conectar con la belleza que hay en cada uno de nosotros, al provocar una respuesta emocional positiva. Usted empieza a darse cuenta también de que puede estar en contacto con la naturaleza mucho más fácilmente de lo que cree, no tiene que hacer un costoso viaje a una reserva natural, sino simplemente ser "uno" con la Naturaleza a través del bello y simple acto de hacer un arreglo con flores.

Un ejercicio de Ikebana: estilo libre

El estilo libre es, en realidad, más complicado que un ejercicio sobre una "forma", pero la dificultad reside sólo en aprender a confiar en su creatividad interior, que es inherente en todos nosotros. Escoja un buen recipiente que haga juego con las flores, ramitas, plantas o lo que haya elegido usar. Mire el recipiente y, primero, intente colocar las flores con el ojo de su mente. También puede sostenerlas enfrente del jarrón antes de cortarlas para asegurarse de que los tallos tendrán las medidas adecuadas. Tómese su tiempo para observar la quieta y detallada belleza de cada planta e intente captar qué sensación harían unas al lado de las otras. Relájese y no se impaciente. Puede pasar toda la mañana o la tarde para hacer un arreglo. Un té y una música relajante pueden crear un entorno maravilloso.

Ya que no tiene las restricciones de un enfoque más formal, piérdase en el proceso si puede. Intente no hacer el arreglo pensando en la aprobación de otra persona. Sencillamente, hágalo para usted mismo.

Izquierda: **A pesar de que el Ikebana es reconocido como un arte japonés, tiene sus raíces en China. Está basado en el triángulo del hombre y su relación con el cielo y la tierra (repetido en muchas culturas del mundo). La idea es que cada arreglo representa tres niveles, que corresponden al hombre, el cielo y la tierra.**

CONTACTOS

WORLD WIDE ONLINE MEDITATION CENTER
11400 4th St. N. #310
St. Petersburg, FL 33716
Tel.: +1 (727) 576-1800
E-Mail:
jmalloy@meditationcenter.com
Web: www.meditationcenter.com

MEDITATION SOCIETY OF AMERICA
PO Box 13, Gradyville, PA 19039
EE. UU.
Tel.: +1 (610) 696-8432
E-mail:
medit8@meditationsociety.com
Web: www.meditationsociety.com

THE AMERICAN MEDITATION INSTITUTE
PO Box 430, Averill Park, NY 12018
EE. UU.
Tel.: +1 (518) 674-8714
E-mail:
postmaster@americanmeditation.org
Web: www.americanmeditation.org/

JON KABAT-ZINN CENTER
FOR MINDFULNESS
55 Lake Avenue North
Worcester, MA 01655
Tel.: +1 (508) 856-2656
E-mail:
mindfulness@umassmed.edu
Web:
www.umassmed.edu/cfm/life/zinn.cfm

THE GAWLER FOUNDATION
PO Box 77G
Yarra Junction, Victoria 3797
Australia del Sur
Tel.: +61 (03) 5967-1730
Fax: +61 (03) 5967-1715
E-mail: info@gawler.asn.au
Web: www.gawler.asn.au/

NON-SECTARIAN MEDITATION CENTRE
280 Hay Street, Subiaco WA 6064
Australia Oeste
Tel.: +61 (08) 9381-4877
Web: www.buddhanet.net/ozmed.htm

SELF-REALIZATION FELLOWSHIP
(Tradición: Meditación Yoga)
3880 San Rafael Avenue, Dept. 9W
Los Angeles, CA 90065-3298, EE. UU.
Tel.: +1 (323) 342-0247
Fax: +1 (323) 225-5088
Web: www.yogananda-srf.org

SIVANANDA YOGA VEDANTA INTERNATIONAL
CENTRES
(Tradición: Meditación Yoga)
Web: www.sivananda.org

BRAHMA KUMARIS WORLD SPIRITUAL
ORGANIZATIONS
(Tradición: Meditación Yoga)
Para todos los países:
www.db.bkwsu.com

ACEM MEDITATION
PB 2559 Solli, N-0202 Oslo,
Noruega
Tel.: +47 23-11-87-00
Fax: +47 22-83-18-31
E-mail: acem@acem.com
Web: www.acem.com

SHAMBHALA NETWORK OF MEDITATION
CENTERS
1084 Tower Road
Halifax, Nova Scotia B3H 2Y5,
Canadá
Tel.: +1 (902) 420-1118
E-mail: info@shambhala.org
Web: www.shambhala.org

INSIGHT MEDITATION SOCIETY HOMEPAGE
(Tradición: Budista-Vipassana/
Theravada)
1230 Pleasant Street, Barre MA 01005
Massachusetts, EE. UU.
Tel.: +1 (978) 355-4378
Fax: +1 (978) 355-6398
Web: www.dharma.org/ims.htm
o
www.insightmeditation.org/friends_of
_gaia_house_internatio.htm
Web: www.dhamma.org/wclist.htm

TRADITION OF SAYAGYI U BA KHIN
(Budismo Vipassana/Theravada)
Web: www.ubakhin.com

Nota: Donde sea posible, los centros de meditación representados aquí ofrecen enseñanzas no sectarias y direcciones de contacto de todo el mundo de sitios web.

ÍNDICE

AGRADECIMIENTOS

New Holland Publishers quiere dar las gracias a Sharon y Charles Gosling por ofrecernos su elegante casa, Montacute, para nuestra sesión de fotos, y a Brian y Theresa Aldridge, que nos prestaron su casa frente al mar; al fotógrafo Nick Aldridge por la magia que ha creado a través de su lente; a nuestra modelo Nicci Ressel por su calma y serenidad, y a Simon Rhodes por su buen humor y su asesoramiento en el estilismo de las fotos.

También damos las gracias a Halogen porque nos han permitido, generosamente, usar sus maravillosas telas, y a Claudine de Namasté Yoga and Exercise Wear por prestarnos su hermosa ropa.

Mariëlle Renssen quiere agradecer a Natalia Baker que le diera permiso para usar material de su manual de Curso de Meditación, y por sus valiosas aportaciones al texto.

Ha sido un verdadero privilegio —y también una gran diversión— trabajar con Natalia. Es tan sabia, cálida y maravillosa, que simplemente es la persona más inspiradora con la que he trabajado.

Finalmente, damos las gracias a la diseñadora Sheryl Buckley, quien, visualmente, ha hecho justicia al espíritu de la meditación, creando este libro absolutamente precioso.

También agradecemos profundamente el uso de los libros *Bag of Jewels*, Hayward Books (Australia), y *The Dalai's Lama Book of Wisdom*, Thorsons (Londres), para las frases sabias de las páginas 36, 54 y 78, y 78, respectivamente.

LISTA DE CRÉDITOS DE LAS FOTOGRAFÍAS

Todas las fotografías son obra de Nicholas Aldridge para NHIL (New Holland Image Library), con la excepción de los siguientes fotógrafos y/o agencias (los derechos de autor son de estas personas o de las agencias).

4–5	Great Stock	27	Craig Fraser	71	Caroline Jones
7c	NHIL/Massimo Cecconi	29	Craig Fraser	72	Dinodia Picture Library
7d	NHIL/Massimo Cecconi	30	NHIL/Ryno Reyneke	73	NHIL/Massimo Cecconi
7f	NHIL/Massimo Cecconi	31	NHIL/Massimo Cecconi	74	Dugald Bremner Studio
7g	NHIL/Massimo Cecconi	36	Nicholas Aldridge	76	NHIL/Massimo Cecconi
8–9	Frantisek Stuad	40	David Wall	77	NHIL/Massimo Cecconi
12	Great Stock	46	Hutchison Library	80	Frantisek Stuad
13	Werner Forman Archive	48b	Great Stock	81	NHIL/Ryno Reyneke
14a	Sylvia Cordaiy Photo Library	49	Nigel Hicks	82	Nicholas Aldridge
b	Nigel Hicks	50	Frantisek Stuad	84	NHIL/Ryno Reyneke
18	Gallo/Getty Images	58	Sylvia Cordaiy Photo Library	85	NHIL/Ryno Reyneke
19	David Wall	61	Andy Belcher	86	Scott Aitken
21	Great Stock	62	Great Stock	87	Photo Access
22	Francoise Sauze/Science Photo Library	63	Andy Belcher	88 a	Gallo/Getty Images
		64	Gallo/Getty Images	89	Frantisek Stuad
23	David Wall	65	Robin Smith	90	Frantisek Stuad
24	Nicholas Aldridge	67	Andy Belcher	92–93	Andy Belcher
26	Robin Smith	70	Sean O'Toole